记忆中原丛书

字圣故里
漯河

总主编 赵素萍
执行主编 苏长青
本册主编 李振宇

河南科学技术出版社
·郑州·

图书在版编目（CIP）数据

字圣故里：漯河 / 李振宇主编. — 郑州：河南科学技术出版社，2018.9

（记忆中原丛书 / 赵素萍主编）

ISBN 978-7-5349-9182-0

Ⅰ. ①字… Ⅱ. ①李… Ⅲ. ①文化史 - 漯河 Ⅳ. ① K296.13

中国版本图书馆 CIP 数据核字（2018）第 051691 号

出版发行： 河南科学技术出版社

地址：郑州市经五路 66 号　邮编：450002

电话：（0371）65737028　65788613

网址：www.hnstp.cn

策划编辑： 李喜婷　汪林中　冯俊杰

责任编辑： 陈海颜

责任校对： 崔春娟

责任印制： 张　巍

书籍设计： 赵　钧

排　　版： 蔡　凤

印　　刷： 河南博雅彩印有限公司

经　　销： 全国新华书店

开　　本： 787 mm × 1092 mm　1/16　**印张：** 14.5　**字数：** 225 千字

版　　次： 2018 年 9 月第 1 版　2018 年 9 月第 1 次印刷

定　　价： 99.00 元

《记忆中原丛书》编委会

《字圣故里——漯河》编委会

主　任： 周新鹤

副主任： 于林智　甘信奎

编　委： 宛照元　史凤民　晁　伟　高文献

甘德建　王英才　巴　磊

主　编： 李振宇

副主编：（按姓氏笔画排序）

马光辉　王云英　王志学　王丽丽

齐新卷　李玉冰　张翠华　赵　超

赵宏亮　夏跃进　柴全伟　梁玉静

音（视）频制作： 法利民

照片拍摄： 潘付堂　周　怀

不忘本来　开创未来

《诗经·小雅·吉日》曰："瞻彼中原，其祁孔有。"

中原，本意为天下至中的原野，后来逐渐演化为泛指黄河中下游地区，也称中土、中州、华夏。在某些特定的语境中，中原又是"中国"的代名词。

中原文化是中原地区、主要是河南省的物质文化和精神文化的总称。中原文化是中华文化的母体和主干，在漫长的中国历史中长期居于正统主流地位，中原文化一定程度上代表着中国传统文化。

河南人爱说"中"。一个"中"字，尽显中原文化的正大气象和源远流长。

中原这块沃土，不仅是东亚现代人类的主要起源地，而且自上古时期就形成了发达的农业文明，并率先跨过了"文明的门槛"。

从夏代到北宋的3 000多年间，先后有22个朝代、200多位帝王在河南建都。全国十大古都河南有其四。河南曾长期是全国政治、经济、军事、文化的中心，中国古代创造发明的中心，向全国和世界传播交流文明的中心。

中华文明丰富的文化景观、文化遗存、历史文物、文化典籍和艺术珍品在中原大地比比皆是，使河南如同一座浩瀚的历史博物馆，一本看得见、摸得着的中国历史文化教科书。河南的馆藏文物、国家历史文化名城和全国重点文物保护单位数量，均居全国前列。甲骨文在这里发现，四大发明与河南关系密切，连接东西享誉世界的丝绸之路从这里起步。

水有源、树有根、人有姓。河南是中国姓氏的重要发源地，依人口数量排名的100个大姓中，有70余个起源于河南。中华传统文化通过姓氏家族延续传承，跟随姓氏漂洋过海。"贵姓""仙乡何处"的寻常问候常常引起游子无限的乡思乡愁，也成为近年来河南根亲文化的"重头戏"。

天下名人，中州过半。在《二十四史》中，立传的名人共5 700余人，仅汉、唐、宋、明四个朝代，河南籍名人就达912人。在耳熟能详的文化圣人当中，出生于河南或长期在河南活动的近30位。谋圣姜太公、道圣老子、墨圣墨子、商圣范蠡、医圣张仲景、科圣张衡、字圣许慎、诗圣杜甫、画圣吴道子、律圣朱载堉，等等，都是中华文化发展史上的不朽丰碑。

中原文化门类齐全，博大精深。文学星空，河南人星光璀璨；武术杂技，少林太极称双雄；婚丧嫁娶，人生礼仪在斯；梆弦声里，地方戏风靡大河南北。洋洋洒洒，中原书风千载传承；丹青妙手，河南画苑代有佳作……

中原文化之于中华文化，就内容讲，是最基础、最基本的部分；就特点讲，是最具代表性的部分；就历史发展过程讲，是最具贯穿性的部分；就地域讲，是最具影响力的部分。中原文化具有根源性、原创性、包容性、开放性等诸多特质，开放与包容使得中原文化具有绵绵不绝的生命力与创造力。

中原地处“天地之中”、华夏腹地，九州通衢的独特地理位置决定了中原文化始终处于与外部文化的交流融合当中，这种交流与融合影响到中原文化的方方面面。

早在新石器时代，中原文化便成为推动中国境内各种文化交汇的强大动力，加快了中华文明的进程。

夏、商、周三代是中国历史上的重要时期，其时中原和周边地区交流融合、相互促进，奠定了中华文明形成和发展的基础。汉代，中外贸易频繁，形成了后人熟知的丝绸之路，洛阳成为丝绸之路的东方起点。隋唐时期，洛阳是当时的国际性大都市之一，成为了东西方文化、贸易交流和传播的中心。以开封为中心的北宋文化，以丰厚的底蕴、深邃的思想、恢宏的气势、绚丽的色彩，把中原历史文化推向高峰。唐宋之际，中原文化通过丝绸之路、大运河及海上丝绸之路跨出国门，影响波及亚洲乃至世界。

古往今来，无数中原的思想家，用自己的思考深刻地影响着历史的进程，成为中国思想文化的主干，并对世界文化产生了很大影响。西方许多杰出人物如伏尔泰、狄德罗、托尔斯泰等都曾受到《道德经》的影响。而在中原的腹地嵩山脚下，儒、释、道“三教合流”，经过千百年的融汇发展，儒、释、道三种文化已经深深熔铸在我们民族的生命力、凝聚力和创造力之中。

中华文化革故鼎新、生生不息的生命力，源于中华文化与周边文化持续不断的碰撞和融合。

梁启超先生曾指出，中原的中国经过秦汉一统，成为中国的中国；中国的中国经由与印度、日本等接触，成为亚洲的中国；近世以来，中国进入世界舞台，与欧美竞争，而成为世界的中国。

从世界范围来看，不同文明之间的碰撞与交流成为世界历史发展的主要动力；从中国范围内来看，中原文化与周边文化的互动奠定了中华文化的根基；从中原范围内来看，以嵩山周围为核心的河洛文化与周边文化的融合助推中原文化茁壮成长。

八方风雨会中州。目前河南共有18个省辖市，每个市都有其独特的文化，尤其是一些与外省接壤的省辖市，更是中原文化与周边文化交流碰撞的前沿。南阳的“楚风汉韵”、信阳的“豫风楚韵”久负盛名，三门峡与秦晋文化的交汇，安阳、鹤壁与燕赵文化的融通，濮阳、商丘与齐鲁文化的交融，周口、驻马店与江淮文化的互动，焦作、济源与三晋文化的交流等，都形成了地域文化的独特小环境。这些区域文化之间的开合、融通铸就了中原文化的生命力。

冠八枢而奠中原，得中原者得天下。

中原文化，出彩千年！

习近平总书记提出，让中原更加出彩。

河南在全面建成小康社会的快车道上，始终不忘提升中原文化的整体实力和影响力。从“加快文化资源大省向文化强省跨越”，到“加快建设文化强省”，再到“加快构筑全国重要的文化高地”，这种渐次提升既契合党中央关于强化文化发展的新理念、新思想、新战略，又体现了河南省委对文化建设的高度重视。

从中原崛起到建设经济强省，博大精深的中原文化始终是河南最为倚重的资源之一；从华夏历史文明传承创新区到全球华人精神家园和心灵故乡的打造，中原文化已经、正在，而且还将要以更加丰富多彩的形式、手段被挖掘、整理，传承和创新。

党的十九大报告指出：推动中华优秀传统文化创造性转化、创新性发展，继承革命文化，发展社会主义先进文化，不忘本来、吸收外来、面向未来，更好地构筑中国精神、中国价值、中国力量，为人民提供精神指引。

多年来，依托厚重的中原文化，河南的文史研究、新闻出版、广播影视等部门进行了卓有成效的工作，取得了丰硕的成果。经过充分调研，中共河南省委宣传部决定组织全省各省辖市市委宣传部编纂大型精品文化普及读物“记忆中原”丛书，一套19卷，分为《品读中原》以及18个地市卷。丛书围绕中原文化精华这条主线，选择各地文化经典和精要，系统梳理河南地域文化特色，全面展示中原文化风貌，讲好中原故事，传播中华文化，凝聚中国力量。“记忆中原”丛书作为一种融媒体出版物，融合多种媒体形式，书籍与文创产品并重，文化与旅游资源嫁接，这种创新的出版方式是中原文化更加出彩的一种生动体现，也为中原更加出彩提供精神力量。

天下中原，老家河南。

中原是一座“文化的活态博物馆”。河南堪称全球华人的根亲文化圣地。与其在远处仰望，不如到中原走访。真诚希望读者朋友能从书中感受到中原文化的魅力，更期望朋友们以这套丛书为“路标”，到河南走走，回老家看看。厚重河南欢迎您，壮美中原欢迎您。

“记忆中原”丛书编委会

2018年7月

目录

谈古说今

——回顾历史　展望漯河　1

要事回放

——精彩纷呈的历史　17

ZISHENG GULI

LUOHE

名人扫描

——群星荟萃的历史名人　41

寻根问祖

——溯姓氏之源　寻华夏之根　71

古城印象

——亘古不变的文明　97

考古探秘

——灿烂辉煌的古代文化　121

胜景掠影

——食品名城　字圣故里　147

名品荟萃

——现代与传统交相辉映　167

“非遗”概览

——历史厚重的民间文化 175

城市名片

——拥抱世界的新漯河 191

本书音频资源列表

音频故事	来源	页码
“空冢郭”地名由来	原创	4
镇河铁牛	原创	5
侵华日军漯河受降	原创	11
岳家军郾城大捷	原创	27
杨再兴浴血小商河	原创	28
文宗字祖——许慎	原创	48
台北知府陈星聚	原创	58
梁晓天回国	原创	61
“召陵会盟”发生地：召陵故城	原创	103
北舞渡山陕会馆彩牌楼	原创	107
受禅台与三绝碑	原创	109
历史文化名村：裴城	原创	116
贾湖文化惊天下	原创	124
郝家台龙山古城	原创	129
狄青冢	原创	134
东不羹故城	原创	137
凌云台传说	原创	141
阿岗寺遗址	原创	146
沙澧河畔老槐树	原创	150
最古老的拱桥——小商桥	原创	152
美丽爱情故事传说发生地：化身台	原创	158
古代石刻艺术精品：彼岸寺龙塔古篆	原创	163
舞阳城隍庙	原创	165

本书视频资源列表

视频	来源	页码
漯河城市宣传片	原创	1
神秘的骨管	《探索·发现》	9
并峙双雄	《百家讲坛》	10
曹丕受禅	《法律讲堂（文史版）》	22
黄埔军校——名将之光	《国宝档案》	34
台北知府陈星聚——抗法保台北	《海峡两岸》	58
台北知府陈星聚——修建台北城	《海峡两岸》	58
越调《智收姜维》选段	《九州大戏台》	68
胡	原创	72
邓	原创	73
刘	原创	74
许	原创	77
丁	原创	78
唐	原创	79
陈	原创	79
范	原创	80
于	原创	83
张	原创	85
王	原创	86
李	原创	87
赵	原创	88
杨	原创	89
郭	原创	90
宋	原创	91
周	原创	92
贾湖大发现（上）	《走近科学》	124
贾湖大发现（下）	《走近科学》	124
大将狄青死亡之谜	《百家讲坛》	134
理想主义的日子——南街村	《深度财经》	148

谈古说今

——回顾历史 展望漯河

漯河是一个历史悠久、文化灿烂的古老城市。贾湖遗址发现的裴李岗文化刻画符号、出土的国宝七音骨笛、考古发掘的酿酒工艺，分别将中国文字史、音乐文化史、造酒史向前推进了3 000年以上。漯河是“字学宗师”许慎的故里，他编纂的《说文解字》是中国乃至世界最早的字典。

漯河是一个特色鲜明、享誉四方的食品名城。作为首家中国食品名城，漯河食品加工主导产业特色明显，境内现有世界最大的肉类加工企业双汇集团、南街村集团、可口可乐、台湾统一等一批知名食品企业。

漯河是一个钟灵毓秀、泛舟轻歌的中原水城。一城绿色半城水，两河四岸景醉人。漯河区位优越、交通发达，漯河人民勤劳勇敢、善良智慧。纵观漯河古今，厚重的历史文化，强劲的发展速度，生态宜居的环境，俨然已成为八方客人向往的文明之城。

漯河城市宣传片

• 纤夫号子霄回荡　漯河渡口放渔歌 •

中原大地上，一颗美丽耀眼的明珠镶嵌在迷人的沙澧河畔，这就是俗称“小上海”的明星小镇——螺湾。它历尽沧桑巨变，如今已成为一座远近闻名的现代化名城——漯河。

漯河市位于河南省中部偏南，伏牛山东麓平原与淮北平原交错地带，沙河与澧河在此交汇。地理坐标为东经113° 27′ ～114° 16′ ，北纬33° 24′ ～33° 59′ 。境内河流为淮河流域沙颍河水系，淮河两大支流沙河、澧河贯穿全境并在市区交汇。境内有大小河流81条流经，均属淮河水系，主要有沙河、澧河、颍河等。沙河自发源地——平顶山市鲁山县伏牛山脉尧山下，东流经宝丰、平顶山、叶县至舞阳县章化乡河湾村入境，在漯河市区小宋庄村东与澧河汇流，经郾城区老窝镇大路李村出境，又东流经商水、周口、项城、沈丘，至安徽上沫河入淮河。境内全长106.6公里，流域面积19 117平方公里。澧河发源于南阳市方城县四里店以北柳树沟，经叶县至舞阳上澧河

漯河鸟瞰图

沙澧河畔一角

店入境，在市区与沙河交汇，境内长67公里。颍河从发源地登封市少室山至临颍县吴刘村北入境，经郾城东流出境，境内长45公里。

1948年7月，漯河被设为县级市。1949年1月，漯河市与郾城县合署办公。同年10月，漯河和郾城分设。1960年6月，郾城县并入漯河市。1961年11月，漯河、郾城再次分设。1986年1月，经国务院批准，漯河市由县级市升格为省辖市，辖郾城、舞阳、临颍3个县和源汇区。2003年被列入中原城市群，新的行政区划调整后，辖区由原来的郾城、临颍、舞阳、源汇区“三县一区”调整为郾城、源汇、召陵三区和临颍、舞阳二县及一个国家级高新经济技术开发区，总面积2 617平方公里，总人口270万人。城区面积1 020平方公里，城区人口125万人。市区建成面积60平方公里，市区常住人口60万人，人口密度全省最大。

市区一角

临颍县 临颍县位于漯河市北部，因濒临颍河而得名，秦时属颍川郡，西汉初年置县，迄今已2 200余年。境内有全国重点文物保护单位——汉魏政权交替的历史见证“受禅台”“受禅碑”；早于赵州桥的隋代石拱桥“小商桥”，被誉为“天下

城市鸟瞰图

“空冢郭”地名由来

第一桥”。

舞阳县　舞阳县位于漯河市西部偏南，自西向东缓斜，分岗地、平原和洼地。舞阳县被文化部命名为“中国现代民间绘画画乡”，境内贾湖遗址出土的骨笛和契刻符号距今已有8 000多年的历史。地下资源丰富，盐岩总储量400亿吨，是全国品位第一、储量第二的大型矿藏，矿体厚度大，盐质纯，氯化钠含量91.40%～98.88%，具有较高的食用价值和工业价值。

源汇区　源汇区地处淮河平原，地势平坦，土壤肥沃，既是商贸、经济和文化中心，又是豫中南地区的重要交通枢纽，为历代商家必争之地。如今已形成以食品加工、机械制造、板材加工、医疗化工和棉纺为主的五大主导产业。

郾城区　郾城区属淮河流域大沙河中游平原地区，境内的“许南阁祠”是海内外学者的向往之地，北宋“彼岸寺经幢”、清道光年间的“八角琉璃井”“镇河铁牛”，新石器时代的化身台遗址，5 000年前龙山文化中期的高台建筑郝家台等景观，显现出郾城区深厚的历史文化底蕴。

召陵区　召陵区位于市区东半部，战国时期，魏国就在此建立了召陵邑，是东汉时期著名经学家、文字学家许慎的故里。

经济技术开发区 经济技术开发区位于市区东南部，1992年5月成立，1994年3月被河南省政府批准为省级高新区。区内实行封闭式管理，对入区项目根据投资者需求实行全过程、保姆式、个性化、一条龙全程免费服务，历经多年的开发建设，已成为目前众多海内外客商心目中一方充满魅力的投资热土和中西部地区环境最优、发展最快的开发区之一。

全市有回族、维吾尔族、满族、蒙古族、藏族、苗族、壮族、土家族、拉祜族、彝族、朝鲜族、布依族、佤族等38个少数民族，共36 450人，占全市总人口的1.42%。其中回族35 396人，占少数民族人口总数的97.1%，蒙古族301人，满族114人，其他少数民族人口较少。

漯河是一个区位优越、交通发达的枢纽城市。漯河东界鄢陵、西华、商水，南衔上蔡、西平，西交叶县、襄城，北接许昌。境内地势平坦，四通八达，是国家二类交通枢纽城市。京广、漯宝（丰）、漯阜（阳）3条铁路和京港澳高速、宁洛高速、107国道及5条省道贯穿全境，是全省重要的铁路和高速公路“双十字”交通枢纽。全市公路密度每百平方公里122公里，是全省平均水平的3倍，基本实现“市县通高速、县乡通二级、村村通油路、路旁都有树”。

漯河市位于暖温带南部边缘，属于

镇河铁牛

沙澧河畔夕照图

暖湿性季风气候。一年之中，冷暖交替，四季分明，光照充足，热量丰富，降水适中，气候温暖，常年平均降水量786毫米，农业基础条件较好。因此，漯河不仅盛产小麦、玉米、大豆、红薯、烟叶、芝麻等多种农作物，畜牧养殖业也发展迅速，而且还出产动植物中药461种。

适宜的地理环境和气候条件，孕育了古代早期农业文明。8 000多年的灿烂文化塑造了漯河丰厚的文化底蕴，勤劳智慧的漯河人民用双手装扮了美丽的沙澧河畔。

• 钟灵毓秀螺湾镇　自古英杰帝侯国 •

河水湍湍叙说沙澧风流豪情，厚重文化彰显漯河人杰地灵。漯河是历史悠久而又比较年轻的城市，早在新石器时代，先民就在这里定居生息。南北朝时在此筑城，城市启于北魏、盛于明清，曾以商贸和水路运输发达而享誉中原，素有“陆陈集散地”“水旱码头”之称。在商周时期，漯河小镇就逐渐形成，因濒临溵水（今沙河）故称溵阳城，属召陵县管辖。南北朝时期，溵阳城改称奇雒城。《宋书·州郡志》记载：“景平元年（423），魏师南伐，破许昌城，颍川郡治召陵，称南颍川郡。”颍川郡治，原在阳翟（今禹州），后迁许昌。北朝魏军攻占许昌城

沙澧河畔景色宜人

澧河小岛

后，南朝宋所属的颍川郡治便设在召陵县的奇雒城，领召陵、曲阳、临颍三县，称南颍川郡。北魏著名地理学家郦道元在其《水经注》中写道："汝水又东南，经奇雒城西北，今南颍川郡治也。濆水出焉，世亦谓之大濦水……东南经召陵县故城南。"郦道元曾实地考察了这些水道，其注准确可信。

隋朝，把汉代以来的行政区划由州、郡、县三级，改为州、郡两级，南颍川郡遂被取消。隋炀帝大业年间，将召陵县并入郾城县，奇雒城改名溵城，因它紧傍濦水，濦水又名溵水，城随水名。《资治通鉴》记载："唐代平淮蔡吴元济叛乱，曾运杨子院（今江苏仪征市南）米，自淮阴溯淮入颍，自项城入溵，输于郾城。"唐元和十二年（817）三月，唐军与淮蔡军"夹溵水而军，诸军相顾望，无敢涉溵水者"。南宋时，为防洪水及土匪侵害，在溵城周围修筑了寨墙，因濦水、澧水在此交汇，寨取名源汇，镇取名上口（又名新寨镇），与东边的下口镇（今周口）遥相呼应。

元代，因沙澧河相汇处，河湾状似海螺，故将上口镇更名为螺湾河镇。《郾城县记》记述："沙澧二河在镇西北汇流，形似螺，因此名湾为螺，地以湾名。"《中国地名大辞典》曰："螺湾河，在河南省郾城县东，名螺湾渡。"《清一统志》曰："澧河自县东南螺湾渡北流合沙河，今京汉铁路经之。"由于这里双河汇流，舟楫便利，东通于海，西达于山，南

嵩山桥

北陆路畅达，故商旅群集，百货荟萃。楚汉、冀鲁、山陕商贾，云集于此，进行物资交流。明永乐年间，郾城知县王季立，曾作《螺湾买棹》诗咏之："沙河东流碧，螺湾汇双河。舟行此焉薄，沽客南来多。江淮百货萃，此处星辰罗……木棉茧如雪，收入云间梭……"由此可见其繁华之一斑。明嘉靖三年（1524），山东定陶进士乔迁任郾城知县，认为"螺"字用于地名不雅，遂改"螺"为"漯"。清末，京汉铁路在这里修建车站，取名漯湾河车站，因名称字多，为便于书写和称呼，省略为漯河车站，漯湾河镇也随之称漯河镇，属郾城县。随着漯河经济的发展，牛行街牲畜贸易市场的扩大，以及漯河车站的升级，漯河知名度愈来愈高，漯河已为世人所公认。在这种情况下，1958年，国家文字改革委员会正式承认"漯"字的第二读音。《新华字典》《辞源》《辞海》等权威工具书，也相继认可。《现代汉语词典》注：漯河（Luòhé），地名，在河南。

漯河旅游资源丰富，名胜古迹保护较好。贾湖遗址发现的新石器时代早期裴李岗文化契刻符号，距今已有8 000多年的历史，将中国文字史向前推进4 000多年；贾湖遗址出土的国宝七音骨笛，将中国音乐文化史向前推进了3 000多年；贾湖遗址的酿酒工艺，将中国造酒史向前推进了3 000多年。漯河共有古文化遗址73处，民国以前古建筑30处，历史名人墓及重要古墓群37处，国家级文物保护单位6处7项，省级文物保护单位28处30项，馆藏文物1万多件。众多文物古迹中，有许多极具代表性，历史价值较高。如中国第一部系统地分析字形和考究字源的字书《说文解字》的作者许慎的墓地，中原地区第一次发现的细石器文化与新石器时代早期文化叠压的大岗遗址，历史悠久、艺术精绝的宋代石刻造像建筑彼岸寺碑，世界上最早的吹奏乐器七音骨笛的发现地，中国最早的酿酒发现地、早期文字发现地、家庭饲养猪狗发现地、北方水稻栽培发现地贾湖遗址，早于赵州桥的隋代小商桥，见证汉魏政权交替的受禅碑和受禅台，河南省清代牌楼之冠——山陕会馆彩牌楼等。这些历史文物古迹是漯河古代文明的见证，蕴含着丰富的文化内涵。

漯河物华天宝，英杰荟萃，人才辈出，具有丰富的名人传说，素有帝乡侯国之称。东汉时期许慎纂出《说文解字》，在文字研究方面贡献之大，前无古人，后无来者。

公元100年，许慎耗时16年完成《说文解字》初稿。为精益求精，从初稿到定稿又费时22年，其间他称病辞官回到故乡，专心审定文稿，前后共用38年时间。全书共计14篇，30卷，以文字形体及偏旁构造

央视网

神秘的骨管

澧河月牙桥

分为540部，9 353条，解说133 441字。工程之大，亘古罕见。在“罢黜百家，独尊儒术”、以儒学思想治天下的汉朝，在他被尊为“五经无双”和古、今文经学纷争的特殊时期，他放弃所有功名利禄，胸怀国家和民族，以科学严谨的理念和执着敬业的态度，倾其一生心血，撰著了对中华民族发展壮大和中华文明传承发展产生巨大影响的，我国乃至世界最早的字典《说文解字》。许慎的著作和他的精神影响着一代又一代中华儿女。因其贡献巨大，许慎被后人尊为“字圣”。

秦始皇用武力统一了中国，而许慎用一部书统一了中国的文字，规范了汉字的形、音、义，也规范了一种文化的框架。它是我国第一部分析字形、解说字义、辨识声韵的字典，是文献语言的奠基之作，也是书面语言、文字、音韵、训诂等方面研究的一部集大成之作，是许慎对中国文字学研究方面所做的一个极为重要的贡献。它不仅保存了先秦的字体和东汉以前的文字训诂，反映了我国汉语词汇的面貌，总结了我国古文字学的发展历史，而且第一次系统地提出了文字学的“文字说理论”。

漯河文化底蕴丰厚，历史文脉源远流长，英雄豪杰人物汉樊哙、灌婴，三国魏司马懿、司马师等就封侯于此；东汉横野大将军王常，辅佐光武帝刘秀建立了东汉王朝，位居三公之上；东汉名臣丁鸿直

许慎墓全景

央视网
并峙双雄

侵华日军漯河受降

沙河游览区

言极谏，用奏章置权倾当朝的窦氏兄弟于死地；刚正之士范滂为了建立清平世界，与邪恶势力殊死抗争；前蜀皇帝王建戎马一生，以武力征服蜀地，由平民百姓成为大蜀国皇帝；明代礼部尚书贾咏，学识渊博，官至光禄大夫、柱国、少保，兼太子太保、礼部尚书、武英殿大学士；清代台北知府陈星聚被誉为“纯儒循吏”，首建台北府城，中法战争期间，他不畏法寇，表现出大义凛然的民族气节和誓与台北共存亡的英雄气概。另外还有明嘉靖重臣贾咏，清代的翰林张延燎、朱光鉴等也都诞生于这块钟灵毓秀的土地。现代的历史学家韩儒林、科学家梁晓天、生物学家方心芳、越调艺术大师申凤梅，他们一个个名冠当时，他们的名字与业绩都已铭刻在史册上。

漯河地处中原，历来为交通要道，是兵家必争之地。漯河地区流传着许多典故和传说，如孔子思归、孔子问十、汉献帝禅位曹丕、岳飞郾城大捷、杨再兴小商桥之战等，多为人们茶余饭后津津乐道。

漯河具有独特的民间文化。它曾经是历史重镇、水旱码头，经济繁荣，人口众多，商贾云集，各种民间文化源远流长。如传承300多年、自成一派的心意六合拳，豫剧四大流派之一的沙河调，乡土气息浓厚的舞阳农民画；有狮子舞、竹马舞、唢呐、闹伞等一大批民间自娱自乐的项目；有脍炙人口的民间传说，如化身台、母猪圈的传说，河上街、挂刀营的来历等；还有享誉周边的名优小吃，如繁城牛肉、北舞渡胡辣汤、清香斋烧鸡等。

漯河是日寇投降在全国设立的16个受降点中的第五受降区。1945年8月15日，日本战败投降，结束了罪恶的侵略战争。1945年9月20日，当时的国民党第五战区司令刘峙代表中国政府在漯河山西会馆（现在的漯河二中院内），接受了侵华日军2971部队司令官鹰森孝带领的31 560名日寇的投降。随后，漯河人民自发捐款，树碑勒石，修建了全国唯一的受降亭，纪念这一具有重大历史意义的事件，并把当时接受日军投降的竹木街改名为受降路。

漯河受降路、受降碑、受降亭，这些见证了抗战胜利的珍贵遗迹时时提醒人们珍惜今天，不忘历史。后来受降亭毁于战火，四块受降碑也仅存一块主碑和大半块残碑。现在，在源汇区文化局院内，记载着日本投降历史的受降碑静静躺在那里，经常有人来此参观，缅怀那段中华民族的苦难史。

70多年后的今天，受降路已是车水马龙的城市繁华街道，但人们永远不会忘记那段惨痛的历史，漯河市已把重建受降亭和受降广场摆上了议事日程。

古文化底蕴丰厚的漯河，过去是兵家必争之地，今日是首个中国食品名城，由于食品加工主导产业特色和优势明显，现已成为外地农副产品大量调入、食品大量输出的地区。漯河水资源丰富，是富有发展潜质的城市，它是各方同仁创业的热土，也是人们宜居的美好家园。

• 崇文尚德接地气　务本图强铸漯河 •

辉煌漯河是当今干事创业的好地方。伴随着中国改革开放的大潮，勤劳、勇敢和富有创造力的漯河人民，开拓创新图发展，实现了快速崛起，现已成为中部地区重要的新型现代化城市和区域性中心城市。漯河是河南省区域经济中心，是豫中南区域供电中心，是区域性邮电通信中心，是河南省中南部区域性商贸物流中心，也是河南省区域性教育、文化、体育、卫生中心。漯河城市功能完善，环境优美，社会和谐，具有良好的产业基础和坚实的承载平台。经过改革开放后的迅猛发展，漯河已构建了比较完备的工业体系，形成了以食品工业为主导，造纸、纺织、机械、化工、制革制鞋等产业竞相发展的产业特色。漯河连南贯北，承东启西，已经成为泛珠三角区域产业向内地转移的重要连接带。漯河优越的投资环境、良好的工业基础、丰富的自然资源和充裕的劳动力，为泛珠三角区域各路商家提供了广阔的发展空间。

漯河是一个特色鲜明、享誉四方的食品名城。漯河食品加工主导产业特色明显，全市规模以上食品工业增加值占规模以上工业增加值的比重达到60%以上，培育出了世界最大的肉类加工企业双汇集团、驰名中外的南街村集团等一批知名食品企业，吸引了可口可乐、美国嘉吉、台湾统一、台湾旺旺等一批知名食品企业入驻。漯河是首家中国食品名城、全国质量强市示范城市创建城市、全国食品安全信用体系和保证体系建设双试点市、全国首家农业标准化综合示范市、全省食品工业基地市、全省无公害食品基地示范市和中国品牌城市。

中国（漯河）食品博览会连续十六届取得圆满成功。中国（漯河）食品博览会是国家商务部重点支持的全国性会展之一，并成为中国诸多会展中最具“国际化”的重点会展，举办以来，社会效果良好，为众多食品企业及众多产品购销搭建了很好的展示和交易平台。中国（漯河）食品博览会摘得了“中国会展产业金手指奖”和“最佳会展城市服务奖”，已阔步

城市夜景

市区一角

迈进国内展会20强。中国（漯河）食品博览会已经成为全国食品行业展会中规模较大、档次较高、人气最旺、效果最好、影响力最大的展会之一。

漯河教育事业快速发展，是全国“两基”工作先进地区，普通高考本科上线率连续十四年蝉联全省之冠，有六所高中被命名为全省示范性高中；拥有漯河医学高等专科学校、漯河职业技术学院、漯河食品技术学院三所大专院校。漯河医学高等专科学校成为全省农村医疗人才培养基地、全省唯一的出国护理人员培训基地，漯河职业技术学院被评为全国十大特色高职院校。漯河卫生服务体系不断完善，农村卫生保健网络逐步健全，城镇医保和新型农村合作医疗覆盖面不断扩大。群众体育运动广泛开展，漯河被评为全国群众体育工作先进市，是全国“田径之乡”，相继成功承办了一系列国际国内大型体育比赛活动。

漯河是一个钟灵毓秀、泛舟轻歌的北方水城。淮河的两大支流沙河、澧河贯穿全境并在市区交汇，一城春色半城水，寓风景长廊、生态长廊、文化长廊、休闲长廊于一体的沿河美景尽显城中，是北方少有的水景城市、森林城市。城市绿化覆盖率、绿地率分别达到40.3%和35.2%，人均公共绿地面积12.5平方米。凭借亲水融绿、环境秀美的独特城市风貌，漯河先后获得“国家园林城市”“全国绿化模范城市”“国家森林城市”“中国特色魅力城市”“中国人居环境范例奖”等荣誉称号。

漯河是锐意改革创新、充满生机与活力的开放城市。改革开放以来，利用外资和出口创汇连续多年保持全省先进行列。

双汇生产线

现有20多个国家和地区的客商投资漯河，如美国杜邦、美国高盛、可口可乐、日本火腿株式会社、中粮集团等8家世界500强企业及香港华懋和协鑫、台湾旺旺和康师傅、南京雨润等一批知名企业在漯河都有较大的投资项目，并获得了良好的投资回报。漯河各种所有制经济竞相发展，既有一些国资控股企业，又有外商独资、控股企业，既有南街、龙堂、北徐等集体经济区，又有一些个体私营经济区，漯河被称为各种经济成分都能快速成长的“百花园”。漯河以改革发展的成效，相继被确定为全国综合改革试点市、全国开拓农村市场试点市、全国以信息化带动农业产业化试点市、全国食品安全信用体系建设试点市、全国推进食品安全保证体系建设试点市、全国中小企业创新服务重点支持城市和河南省技术创新区域工程试点市。

漯河物华天宝，富饶美丽，拥有得天独厚的自然条件和广阔的发展前景。自建市以来，漯河人民在市委、市政府的领导下，发扬“团结进取、自强不息、雷厉风行、实干创新”的精神，抢抓机遇，加速发展，把漯河建成了融政治、经济、科技、文化、商贸等为一体的现代化综合城市。展望未来，漯河会以更加崭新的姿态，引人瞩目的发展速度，屹立在中原的沙澧河畔。同时，善良智慧、热情好客的漯河人民，将以更加开放的胸怀、更加优质的服务和更加优惠的条件，诚邀四海宾朋来漯河投资兴业、共赢发展，携手共创美好明天。

要事回放

——精彩纷呈的历史

漯河历史悠久，8 000年前，先民就已在这块土地上繁衍生息，孕育发展了灿烂的文化。裴李岗、仰韶、龙山等文化遗址遍布境内，并出土了迄今为止世界上最早的乐器——贾湖骨笛。在这块古老的土地上，也发生了许多惊心动魄、对后世影响深远的大事。这里曾经金戈铁马、战火纷飞，也曾经兵不血刃、改朝换代。一幕幕精彩的历史活剧在这里上演，一幅幅波澜壮阔的历史画卷在这里展开。

• 郑武公伐胡 •

春秋时期，郑国国君郑武公为了占领胡国（今郾城、舞阳一带），先把自己的女儿嫁过去，麻痹胡国，然后乘其不备，灭掉了胡国，正所谓“春秋无义战”。

郑武公（？—前744），姬姓，郑氏，名掘突，郑桓公之子，春秋时期郑国第二任国君。郑武公元年（前770），郑武公护送周幽王之子周平王东迁洛邑（今洛阳），是为东周之始。周平王因郑武公护送东迁有功，于是任命郑武公继承其父郑桓公的职务，担任周王室的卿士。郑武公在位期间，高举“尊王”与“爱民”两面大旗，着力发展经济。为了使国家强盛，他提出了解放“商人”的口号。“商人”大多都是有技术、会经商的能人，周灭商后被定为世袭奴隶。郑武公看到他们是建设国家不可忽视的力量，就推行释放商奴、发展工商业、繁荣经济的政策，开发荥泽（今荥阳东北）的滩涂荒地，还扩建了城池。另外，郑武公还下令兴建学校、教化民众，并推行民主政策，这一系列开明政策充分调动了人们建设郑国、保卫郑国的积极性。郑武公所推行的这一系列策略，奠定了郑国雄厚的经济基础和政治基础，使得郑国的版图不断扩大，经济实力逐渐强盛。郑武公继续坚持父亲制定的东扩战略计划，一方面护送周平王东迁洛邑，一方面进一步实施攻灭东虢国和郐国，吞并周边各邑的具体行动。

郑武公二年，郑武公占领郐国都城制邑（岩邑，今新密曲梁乡大樊庄），灭掉郐国。

郑武公四年，郑武公占领东虢国都城（今荥阳广武平城），灭掉东虢国，然后横扫周边各邑。郑国鸠占鹊巢，把国都迁到郐国故都，使原来的寄孥之地变成自家地盘，并把旧部从陕西迁到河南，以“郑”为号，新建城邑。接着，郑武公又图谋南下灭掉胡国。

可是，胡国人一个个都擅长骑马射箭，始终严密防备着郑国，在边境地区的边防关隘增加了很多的将士。因此，郑武公一直都不敢轻举妄动。但他并没有放弃吞并胡国的企图，始终都在思考着灭掉胡国的策略。终于，郑武公想出了一个计策。他先是派遣大臣，携带着丰厚的礼品，前去胡国求亲，要把自己的女儿嫁给胡国的君主。胡国国君不知道这是计谋，欣然接受了。

郑武公的女儿嫁往胡国的那天，两国举行了隆重的婚礼。从此胡国国君在宫里欢歌艳舞，声色犬马，不思朝政。过了一段时间，郑武公召集文武大臣，询问道：“寡人准备出兵夺取更多的地盘，你们看看，哪个国家可以出兵征伐呢？”大家听后都面面相觑，不敢说话。郑武公的心腹大臣关其思知道他一直都在垂涎着胡国，便谏言道：“臣认为可以先讨伐胡国。”郑武公一听，勃然大怒，厉声喝道：“胡国是我们的兄弟邻国，胡国国君还是我的女婿，你竟敢怂恿我去讨伐胡国，你到底有什么居心？来人，将他推出去斩首示众！”关其思就这样当了冤大头。郑武公是很会演戏的，他能把假话说得活灵活现，甚至激昂慷慨，把杀人之举搞得轰轰烈烈、名正言顺，从而制造了一起轰动全国的特大新闻。自然这新闻会不胫而走，传到胡国，胡国国君听后大为感动，认为郑国是自己的亲人，就越发信赖郑国。慢慢地，胡国边防的防范措施变得日益松懈，兵马也不再操练了。胡国放松了警惕，解除了武装戒备，以致在郑国对其发动突袭时一败涂地……郑国不费吹灰之力就占领了胡国。

齐桓公伐楚召陵会盟

齐桓公

在漯河的东部，有一个古城叫召陵，这里曾是春秋时期齐、宋、鲁、陈、卫、郑、曹、许八国诸侯与楚国会盟的地方。

公元前656年夏天，召陵会盟发生。此事被载入《左传》《史记》，在现今召陵村的一块明代石碑上也说到了这件事，《郾城县记》中更有详细记述。

春秋时期，齐国由于国力强盛，成为霸主。齐桓公三十年（前656），他召集宋、鲁、陈、卫、郑、曹、许等国陈兵召陵。楚成王派大夫屈完前往齐师，齐师退到召陵驻扎。其实，双方的用意彼此心知肚明，齐桓公不是真打，楚国也没有派兵。经过几番唇枪舌剑，双方决定联盟。

盟，是古代诸侯在神前立誓缔约的称呼。先在地上凿一方形的坑，在坑上杀牲，割牲左耳，盛在珠盘中，用一种食器取血盛其中，用血写盟书，再以指蘸血涂于口旁读盟书。

召陵会盟，阻止了楚国暂时向中原扩张，巩固了齐桓公的霸主地位。但是齐桓公的结局却很惨，因儿子众多，活着时没有确定继承人，桓公死后，其子各自为战，自相残杀，以致桓公尸体在床上放了67天，爬满蛆虫，直到孝公即位，才得以埋葬。

许慎著《说文解字》

许慎（约58—约147），字叔重，东汉时期著名的经学家、文字学家。他用毕生心血撰写的《说文解字》，是中国第一部系统地分析字形和考究字源的字书，也是世界上最古的字书之一，对后世影响很大，被誉为“千古一书”，他也被尊为“字圣”。

许慎是今漯河市召陵区姬石镇许庄人。他从小淳朴诚实，聪慧好学，很年轻时就能博览五经群书了。当时的经学家马融就很推崇他、欣赏他。许慎曾任太尉南阁祭酒、洨长。因为通晓经书，被举孝廉，更因才干过人，公元83年被召入京城，分配到太尉府，从事文案工作。为更好地学习经学，许慎拜当时著名的经学大师贾逵为师，潜心钻研，用心学习。

许慎立像

秦始皇焚书坑儒之后，先秦儒家典籍皆被秦火所焚。汉代经典典籍来自两条不同的渠道，一是凭记忆、靠背诵，口耳相传下来的，用当时通行的文字隶书记录，作为传本；二是从地下或墙壁里挖掘出来的古本，是用先秦六国文字记录的。汉代把用隶书写的传本称为今文经，把用六国文字写的称为古文经。因为记载经学的文字不同，分为古文经典和今文经典。本来只是字体不同的问题，可是研究它们的人却形成了不同的学术派别，即古文经学派和今文经学派。两个派别激烈斗争，一直延续到东汉末年。许慎生活在东汉中叶之后，正值今文经学派逐渐衰落，古文经学派逐渐兴盛。许慎是古文经学大师贾逵的学生，在这场斗争中，自然是古文经学的捍卫者。今文经学派认为经书是圣人之言，字字句句寓有微言大义，可以经世致用。古文经学派认为应该根据字义客观地解释经义，重视语言文字之学，树立它在经学上的崇高地位。许慎猛烈抨击那些“玩其所习，蔽所希闻”的俗儒，认为文字是“经艺之本，王政之始”，曲解文字必然篡改经艺，不利于王政。为了驳斥今文经学派篡改经艺的说法，他立志要著《说文解字》。

《说文解字》

有了这个想法后，许慎开始着手准备，他渊博的知识和当时的客观条件为撰写这本书打下了较好基础。周、秦、两汉的文字、词汇研究，还有从地下或墙壁里挖掘出来的古本，从山川得来的鼎彝上的铭文，诸如此类，都为《说文解字》准备了成千上万的各种体式的单字，周、秦、两汉的识字课本为《说文解字》的编排提供了借鉴，以前的经学家关于汉字形、音、义诸方面的研究成功，为《说文解字》提供了理论指导。在撰写《说文解字》时，许慎上下求索，博采众长，实事求是，力求做到小大立论，信而有证。对于自己不知道的东西，宁可空缺，也不作强解。他把庞杂的汉字分为依类象形的“文”和形声相益的“字”，于汉和帝永元十二年（100）完成《说文解字》初稿。但是他并没有立即献给皇帝，而是潜心修改，补充完善。

汉安帝元初六年（119），全国多地发

【知识链接】

《说文解字》

《说文解字》是中国第一部系统地分析字形和考究字源的字书，也是世界上最古的字书之一。它开创了以部首检字法编著字典的体例，对后世影响很大，我们现在出版的字典、词典仍然采用部首检字法。该书的主要内容是分析字的形体，解说字的意义，辨识字的声韵。

《说文解字》正文14卷，还有叙目1卷，正文共收字9 353个，重文1 163个，按文字形体和偏旁构造，分为540部，字体以小篆为主，有古文等异体字，则列为重文。每字下的解释，大都是先说字义，再说字的形体构造及读音。在注音方面，该书采用直音，并对每一个字做了注释音，以便后人能够了解古音。在每个字的下面，还用简明的词语说明了造字的方法。在中国文字发展史上，《说文解字》第一个回答了关于汉字的字形、字义、字音的根本问题，是许慎对中国文字学方面所做的极为重要的贡献，被誉为“千古一书”。

《说文解字》对我国文字的规范和统一也起到了不可磨灭的作用。它同时还是一部百科全书，对研究我国古代社会的政治、经济、文化状况具有重要价值。

生了地震，并伴有大风、冰雹、干旱等自然灾害，朝廷为了安抚百姓，稳定民心，下诏三府（太尉府、司徒府和司空府），从中挑选有能力的官员去做州官县令。许慎被选中出任洨县（今安徽固镇县）县令。但是，许慎一生都致力于做学问，无心做官，就在上任之前，他以年老体弱多病为由辞官回到了老家。汉安帝建光元年（121），耗费了许慎多年心血的《说文解字》，由许慎的儿子许冲献给了朝廷。

• 曹丕临颍受禅 •

公元220年，魏文帝曹丕在临颍繁城代汉称帝，劳民兴工筑坛，招百官举行汉献帝禅让仪式，这便是历史上有名的汉魏政权更替之事。

东汉末年，天下处于“四海困穷，王纲不立，五纬错行”的局面，天下大乱。“汉室倾颓，奸臣窃命”，自董卓以来，豪杰并起。曹操拥有百万之众，势力的发展最为突出。他率领军队，南征北战，同刘备和孙权不断交手，使东汉政权在风雨飘摇中得以生存。公元196年，曹操把汉献帝刘

曹丕受禅

上尊号碑

协劫持到许，“挟天子以令诸侯”，取得了政治上的优势。同时，曹操的官职也不断高升，先是丞相、魏公，建安二十一年（216），曹操进号魏王。

公元220年正月，曹操死后，曹丕继承王位。是年八月，曹丕的一些政客便大造舆论，说自魏王继位以来，麒麟降生，凤凰来仪，黄龙出现，嘉禾蔚生，甘露下降，这些都是上天示瑞、魏当代汉之象，为改朝换代、君权神授打下基础。在满朝文武大臣的逼迫下，刘协宣告将天下让位于魏王。曹丕根据大臣们的建议，为避免“篡逆”之名，没有急于接受，只是上表谦辞。十月，汉献帝采纳了太尉贾诩的建议，在繁阳亭筑高台举大典，并在台上建立行宫，奉行仪式，进行禅位。同时曹丕又发布《受禅告天下文》，说“天命不可以辞拒，神器不可以久旷，群臣不可以无主，万机不可以无统”。很快，曹丕筑坛于繁阳亭（今临颍县繁城镇），坛高20米，分上下两层，登坛即祚。

公元220年十月二十九日，受禅仪式开始，汉献帝把传国玉玺、诏册献给曹丕，曹丕拜谢，受禅即位，登上了天子宝座，改延康元年为黄初元年，国号大魏，自称魏文皇帝，封其父曹操为魏武皇帝，改许昌为许昌县，改繁阳亭为繁昌县。

可是曹丕仅在位7年便去世了。而魏只存在了45年，便被司马懿的孙子司马炎建立的西晋所代替了。

• 吴元济兵败郾城 •

唐朝自“安史之乱”后，元气大伤，出现了严重的藩镇割据局面。这些节度使依仗手中握有重兵，割据一方，稍不如意，即有反心，唐宪宗时的吴元济反叛就是一个典型事件。

唐宪宗时，彰义节度使吴少阳镇守淮西。元和九年（814），吴少阳死，其子蔡州刺史吴元济匿不发丧，假称病重，伪造表章上奏朝廷，意在世袭父职，但未获准。在部将董重质的谋划下，吴元济公开对抗朝廷，割据称霸。

其实，吴元济的反叛是早晚的事，因为其父吴少阳就是一个背信弃义之人。吴少阳本是沧州清池人，在魏博军中当一个小兵，后来得到淮西留守吴少诚的赏识，给了他很多金帛，让他跟着自己干，并对外人称是他的堂兄。经过吴少诚的不断提携，吴少阳的官越做越大，和吴少诚的关系日渐亲密，出入吴少诚家非常随便。看时机已到，吴少阳便自请外放，吴少诚就上奏朝廷封他为申州刺史，兼御史大夫。吴少诚病重时，吴少阳赶到，这时吴少诚已认不出他了，于是，他便以吴少诚的名义，任命自己为摄副使、知州军事，并设计害死了吴少诚的儿子，自为留守，后被朝廷封为彰义节度使。吴少阳割据蔡州五年，不进京面见皇帝，因汝南那里多是旷野沟壑，他便大肆豢养战马，并且多次包庇、隐藏一些亡命之徒，扩充到军队中来。所以，对于吴元济的叛乱，也就不难理解，有其父必有其子，他们是早有准备、早有预谋的。史书记载，吴元济是吴少阳的长子，“山首燕颔，垂颐，鼻长六寸”，可见他长的都不是一副善相。

吴元济反叛后，开始攻城略地，大肆用兵，“焚舞阳及叶，掠襄城、阳翟（今禹州）”，造成许、汝二州百姓流离失所，无家可归，铁蹄践踏千里，直接威胁着东都洛阳。同时，他又据险控隘，修筑、加固城池堡垒。位于今舞阳县城东15公里吴城镇的吴城故城，传为吴元济所筑。此地西北遥望汝州及东都洛阳，东北连接陈、许二州，西南可去唐、邓、随州，东南扼中蔡咽喉，是进可攻、退可守的理想军事要地。

十月，朝廷派陈州刺史李光颜任忠武节度使，严绶任申、光、蔡等州招抚使，并下诏讨伐吴元济。元和十年二月，严绶军队被吴元济叛军所袭，败于磁丘。四月，李光颜大败吴元济，吴元济派人向镇州的王承宗、淄郓的李师道求助，二人上表奏于朝廷，请求赦免吴元济，宪宗不准，二人便想出一条计策。六月，派遣一个杀手潜伏于京城刺杀宰相武元衡、中丞裴度，结果武元衡被刺身亡，裴度受重伤。宪宗闻听此事，大怒，随即任命裴度为宰相，兼管淮西叛乱之事。然而，李师道仍贼心不死。七月，又派遣一个嵩山僧人圆净与土匪、山贼相勾结，准备火烧东都洛阳，因泄密，阴谋才没有得逞。十一月，李光颜和河阳怀汝节度使乌重胤讨伐吴元济，战于小溵水（小商桥），大败吴元济。次年四五月间，又连败淮西兵于凌云栅，斩首5 000余。元和十二年三月，李光颜率部直逼郾城县城，破吴元济兵3万，杀掉士卒十之二三，缴获战马千匹，器甲3万，主将张伯玉逃往蔡州。此时，另外一路官兵也包围了青陵城（今郾城西南12.5公里处），断绝了叛军退路，郾城县令董昌龄遵照母亲的教训，劝说守将邓怀金一同归顺唐朝。董、邓请降于李光颜，并且定下计策，邓怀金举烽火向蔡州求救，李光颜伏兵城外，待蔡州援兵来到，将其一举歼灭。吴元济闻郾城陷落，立即把蔡州亲信部队开往洄曲（今郾城东南）支援董重质，以阻官兵。此时吴元济因损兵折将，损失惨重，看大势已去，便乞求投降。唐宪宗同宰相裴度商量，裴度说："现在叛军已没有多大劲了，只是因为各路将帅意见不一致，所以才没有彻底击败他。皇上决不能手软与他讲和。"宪宗下定决心，准备一举歼灭叛贼。七月，任命裴度为彰义节度使，兼任申、光、蔡四面行营招抚使，以郾城为节度所在。此时吴元济叛乱已三年，弄得国家不安，民不聊生，虽多次派兵围缴，仅攻下一个县城。叛乱不平，宪宗寝食难安。八月，裴度到达郾城，他激励士兵，鼓舞士气，赏罚分明，士兵感动得涕泗横流。同时，他又奏请皇上取消监军宦官，让各主将掌握兵权。十月，裴度亲至前线郾城东南的沱沟，视察正在修建的郝连城。驻王沟营一带的蔡军突然袭击裴度，幸有李光颜早已派兵埋伏于此，待蔡军走近时，突然袭之，蔡军仓皇逃窜，但归路已被伏兵断绝，只好丢掉坐骑，越沟逃跑，因坠压而死的有1 000余人。

当时，裴度部将李愬驻扎在文成栅，他与手下将领李祐商议破敌之计。李祐说："吴元济的实力部队，多在洄曲及四面防守，而据守蔡州的都是些年老体弱的士兵，我们可以乘虚掩袭，直抵县城，活捉吴元济。"李愬向裴度汇报了此事，裴度说："打仗有时就得靠出奇制胜，就打他的老巢。"八月十日夜，唐军突至蔡州城下，顺着墙攀登而上，而城中竟毫无察觉。唐军随即一举攻破蔡州，生擒吴元济。洄曲守将董重质也归降，李光颜跃马进入洄曲，守兵皆解甲投降。

吴元济被押解进京，游街示众，并被斩首于独柳，时年35岁（一说25岁）。当天晚上，头就不见了，他的妻子沈氏，隐没于掖庭。两个兄弟和三个儿子，流放到江陵被杀。至此，吴元济叛乱被平，而吴元济也落了个家破人亡的悲惨下场。

此次战斗，不仅结束了长达5年之久的叛乱，更是结束了蔡州52年的割据局面，稳定了大唐基业，也让裴度、李愬一夜成名，为万民仰望。为了表彰他们的功绩，唐宪宗授意撰写《平淮西碑》，以示后人。

《平淮西碑》在历史上很有名，之所以有名，其一是碑文出于名家之手，其二是一碑二文，天下少有。开始是韩愈所写，后来是段文昌所写。重写是因为有人觉得《平淮西碑》将裴度的作用说得太重，对李愬的功劳说得太轻。李愬的妻子是安公主（宪宗姑母）的女儿，在她的撺掇下，宪宗下令磨去韩愈的碑文，让翰林学士段文昌重新撰写。

• 岳家军郾城大捷 •

岳飞（1103—1142），字鹏举，相州汤阴（今属河南）人，南宋初抗金名将。

北宋自建国起就不断受到金兵侵犯，至徽宗时，已建国100多年，由于皇帝重文轻武，北宋边境一直不得安宁。岳飞长大后，立志报效国家，先加入抗金名将张所、王彦领导的义军，后来辗转到宗泽部下。靖康元年（1126），金兵进犯中原，掳去徽、钦二帝，史称“靖康之耻”。后康王赵构称帝，是为宋高宗，称为南宋。建炎元年（1127），岳飞亲率7 000人马北渡黄河，攻打新乡的金军。他冲锋陷阵，

岳飞

锐不可当，活捉了千户阿里孛，收复了大片失地。

建炎二年，金兀术集结10万重兵进犯东京（开封），逼近中原。岳飞奉诏南渡黄河回师东京，在留守杜充部下任统制官。金兀术的官兵在郾城北小商河一带侵扰，岳飞奉令追杀，追到距县城东20里青龙镇（今黑龙潭）附近时，与金军相遇，经过几个回合的拼杀，主将金乌鸭渐渐不支，最终战死在小商河和沙河之间的李集东吕庄郊野，并埋葬于此。该村后改名为“太子墓吕”（现仍称吕庄）。金兵损失，不敢再战，即向北溃逃。因岳飞连打胜仗，大大鼓舞了南宋朝廷，于是宋高宗赐恩岳飞“精忠岳飞”锦旗，其部改为“神武后军”。

岳飞爱护百姓，治军严明。其亲舅父姚某，在岳飞手下当一名小官，他倚仗岳飞的权势，胡作非为。有一次，讨伐李成途经徽州时，有百姓控告姚某骚扰，岳飞当着母亲的面批评舅舅。姚某不但不听，反而怀恨在心，竟向岳飞施放冷箭，岳飞按律给予斩首。对归顺的其他反金将领，岳飞也不计前嫌，以礼相待，委以重任。杨再兴原是湖北义军曹成的部下，勇猛善战，在一次与岳家军的对战中，砍死了岳飞前路军第五正将韩顺夫，后又杀死岳飞的堂弟岳翻。在岳家军的追杀中，杨再兴掉入深涧，虽身陷绝境，但仍不服，大喊“愿就缚见岳飞”。岳飞不但没有杀他，反而把他提为统制官。

岳家军郾城大捷

岳飞始终怀着一腔爱国之心、驱逐金兵之志，因此在战场上他英勇善战，身先士卒，经历大小战斗二百余次，成为南宋抗金派的代表人物和杰出的抗金将领。他所写的《满江红》，充分表达了收复失地、重振河山的决心和信心：

怒发冲冠，凭栏处、潇潇雨歇。抬望眼，仰天长啸，壮怀激烈。三十功名尘与土，八千里路云和月。莫等闲，白了少年头，空悲切！

靖康耻，犹未雪；臣子恨，何时灭！驾长车，踏破贺兰山缺。壮志饥餐胡虏肉，笑谈渴饮匈奴血。待从头、收拾旧山河，朝天阙。

南宋绍兴十年（1140）五月，金人撕毁和约，背信弃义，分四路大军出师南侵。岳飞派人分别阻拦，自己则率领主力大军浩浩荡荡向中原进发。过了不久，派出的各路将领先后传来捷报。七月，岳飞大军驻颍昌府，他自己带领一部分精锐骑

杨再兴

兵，驻扎在郾城，并以郾城为中心横跨东西，集中精兵强将，选定有利地势，与金兵对峙。金军统帅金兀术极为害怕，认为其他的宋军统帅都容易对付，只有岳飞的军队不可抵挡，于是决定调动全部兵力和岳飞进行一场决战。金兀术有一支精锐部队，士兵全都身穿厚厚的铁甲，骑士和战马都用皮绳串联起来，每三人一组，称为“拐子马”，所向披靡。此次战役中，金兀术出动1.5万“拐子马”。岳飞不愧是久经沙场的老将，他早有计策，命令步兵手拿麻扎刀冲入敌人阵营，只管依次砍战马的脚。这样，一匹马倒下了，其他的两匹马就无法行走，宋军奋力杀敌，大败金军。金兀术痛哭道：“我自从起兵以来，都是依靠‘拐子马’取胜，今天彻底完蛋了。”见金兵尸横遍野，岳飞部将杨再兴则乘胜追击，以单骑闯入敌阵，连杀金兵数百，虽受伤十余处，仍反复冲杀，如入无人之境。自申时战至天黑，岳飞部激战四小时之久，杀得金兵丢盔弃甲，狼狈逃窜，缴获金兵军马200余匹。

七月十日，又有一支金军1 000余骑，来犯县北五里店（今郾城三周乡五里岗）。岳飞亲率军马迎敌，差遣部将前往探敌。宋军见金兵摆起长蛇阵，其中一穿紫袍者，认是头领，便一齐冲入敌阵，先将头领砍下马来，此人正是金军大将阿李朵孛堇。

金兀术不甘心失败，七月十三日，又屯兵12万于临颍，以小商桥为前阵，从临颍扑向郾城，到达小商桥时，统制官杨再兴、王兰、高林等率500骑直突敌阵，来往厮杀。杨再兴连杀金将雪里花南，金兵顿时大乱，自相残杀，死伤惨重，残部向西北溃逃。杨再兴决心活捉金兀术，快马加鞭，出南寨东门，抄后路截击。由于杀敌心切，不慎连人带马陷入河内。金军两岸夹攻，万箭齐发，杨再兴英勇牺牲，王兰、高林也先后战死。直到张宪率

杨再兴浴血小商河

大军赶到才杀退金兵。

听说杨再兴阵亡，岳飞急率将士赶到小商河，为杨再兴致哀祭祀，焚其尸，将骨灰和遗物安葬于小商桥河北200米处，取一块青石为墓碑，刻“杨再兴坟墓”五个大字。

郾城之战，溃金兵8 000人，金兀术大败，连夜北撤，岳家军乘胜追击，收复大片失地，直赶到朱仙镇。正要渡过黄河时，高宗连下十二道金牌诏书，强令岳飞撤兵。绍兴十二年一月二十七日，岳飞、岳云等被以秦桧为代表的投降派，以“莫须有”的罪名在杭州杀害，时年岳飞39岁，岳云23岁。

可叹一代名将，落得如此下场。但千秋功过，自有后人评说。宋孝宗时，朝廷降旨为岳飞平反昭雪，追谥武穆。宁宗时追封鄂王。想岳飞地下有知，也当含笑九泉。

• 李自成转战漯河 •

李自成是明末的农民起义军领袖，他带领起义军多次转战于中原。漯河市的郾城区、临颍县、舞阳县都留下了他们的足迹。

李自成

李自成是陕西米脂人，父亲叫李守忠，因多年无子，便上华山烧香拜佛求子，后来才有了李自成。因为喜好枪马棍棒，李自成长大后到银川一个驿站当了一名士卒。

明朝自朱元璋建国后，到崇祯帝朱由检继位，已有260年，国力日下。而且，老天爷也仿佛与明朝作对似的，自崇祯元年（1628）起，中国北方发生了可怕的旱灾，赤地千里，寸草不生。崇祯七年，家住洛阳的前兵部尚书吕维祺上书朝廷：盖数年来，臣乡无岁不苦荒，无月不苦兵，无日不苦挽输。旱灾引起蝗灾，使得灾情更加扩大。崇祯十年、十一年、十二年、十三年河南皆有蝗旱灾害，“人相食，草木俱尽”。陕西与河南一样，崇祯元年出现了大饥荒，便有人结盗而起，其中就有李自成的舅舅、安塞的高迎祥。不过那时的李自成可能还无反意，可是随着一连串意外事件的发生，李自成被迫走上了一条不归路。因为丢失了公文，李自成被裁撤，失业回家，并欠了债。同年冬季，李自成因还不起举人艾诏的欠债，被艾举人告到米脂县衙。县令晏子宾将他用刑后游街示众，将要置他于死地。后由亲友救出，年底，杀死债主艾诏。接着，因妻子韩金儿和村上名叫盖虎的通奸，李自成又杀了妻子。两条人命在身，官府不能不问，吃官司不能不死，于是李自成就同侄儿李过于崇祯二年二月到甘肃甘州（今张掖市甘州区）投军，后发动兵变，率众投靠高迎祥。

崇祯三年，陕西又大饥，陕西巡抚马懋才在《备陈大饥疏》上说百姓争食山中的蓬草，蓬草吃完，剥树皮吃，树皮吃完，只能吃观音土，最后腹胀而死。渐渐疫病开始流行，加上当时大量裁撤驿站，很多依仗驿站生活的人无法生存。人们纷纷揭竿而起，各地民变不断爆发。

李自成开始为裨将，后由于英勇善战，功绩卓著，遂成为一位将才。闯王高迎祥牺牲后，他继称闯王。起义军所到之处，杀掉当官的，劫富济贫，给明朝统治者以沉重打击，已成为崇祯的心头之患。为剿灭起义军，崇祯先用杨鹤，后用洪承畴，再用曹文诏，再用陈奇瑜，复用洪承畴，再用卢象昇，再用杨嗣昌，再用熊文灿，又用杨嗣昌，十三年中频繁更换围剿农民军的将领。这其中除熊文灿外，其他都表现出了出色的才干。但是崇祯皇帝不断地加税，民间称呼他为“重征”，这也导致明末农民起义“野火烧不尽，春风吹又生”。

崇祯十三年，李自成趁明军主力在四川追剿张献忠之际进入河南，恰逢河南大旱，于是开仓大赈饥民，“远近饥民荷锄而往，应之者如流水，日夜不绝，一呼百万，而其势燎原不可扑”。自此李自成军队发展到数万，他还采纳李岩的“均田免赋”建议，因此深得民众拥护，有歌谣“迎闯王，不纳粮”。

崇祯十四年八月，李自成自南阳来围舞阳县城，因火逼四门，未克而去。十月，李自成由郾城亲临北舞渡，攻打李万庆。李万庆原为农民起义军将领，后降明，驻扎于此，因其屡次劫杀往来于襄、郾之间的农民军，李自成大怒，率军围歼，李万庆被乱箭射死。十一月，李自成复来舞阳，扎营于东门外，城内诸生景长舒写信给他，约定开城门迎闯王。李自成攻下县城，活捉知县潘宏，并杀之。

同年，在临颍发生了左良玉屠城事件。李自成率领农民起义军攻打临颍，知县听说后仓皇逃离，代理知县雷某愿意与义军合作，闯王立即派人来临颍主持政务。驻守郾城的明总兵左良玉探知闯王主力已走，便于十二月二十八日突然兵临城下。城上守军即开炮射击，虽击毙其裨将二人，终因寡不敌众，城被攻破，新任知县被缚送于左良玉，当即被害。左良玉进城后纵兵杀戮，县城百姓全部遇难。事后，城内遍地尸骨，后代理知县许允芳、典史李民卿、乡耆芦守金组织人力，募集资金才将尸骨收集掩埋。

左良玉是山东人，行伍出身，没有读过书，也不识字。初于辽东从军，自崇祯十二年在玛瑙山战胜张献忠后名声大振，从此开始拥兵自重，蹂躏地方，朝廷也无可奈何，一味姑息迁就。这样的人带的兵可想而知。《三垣笔记》记载，左良玉的兵一半要算强盗，甚是淫污狠毒，每入百姓家勒索，用木板将人夹住，小火烧之，胖人能流油一地。他们抢掠来妇女，公然在大街上奸淫。将她们拉到船上抢走时，如有人哭泣，立刻被砍下脑袋。

李自成攻占临颍后，即率起义军攻克叶县，听说左良玉屠城临颍后，闯王大怒，随即挥师郾城，驻扎在城东5公里黄家岗（今漯河市黄岗）、小村铺，以精兵包围驻守城内的左良玉。适逢陕西总督汪乔年出关，得悉左良玉被围，即同部下商议如何救援，他说："现在郾城危在旦夕，我们直接去郾城，李自成的士气正高，恐怕难与争锋。襄城离郾城不远，我们舍弃郾城而用精锐兵力攻打襄城，李自成知道后必然回兵救之，则郾城之围可解。"于是汪乔年派部将贺人龙、郑家栋、牛成虎分兵三路，驻扎在城东40公里处，欲与左良玉配合，腹背夹击起义军。李自成熟知敌军内幕，遂围郾城，集中10万优势兵力，攻打汪乔年。谁知左良玉因吃尽义军苦头，不敢轻举妄动，丢下汪乔年，狼狈东逃。义军英勇作战，汪乔年孤军难支，被打得稀里哗啦。

崇祯十五年二月，李自成部由颍桥进

驻郾城汇渠镇（今裴城），后移至新店，再次直逼郾城。知县白钟灵从西华请到左良玉，扎营城东隅。双方刚刚交战，保定总督杨文岳赶到，率总兵虎大成、冯大栋、张鹏翼等合击起义军。义军因寡不敌众，相持十一昼夜，被俘斩数千人，并退至五沟营，遂克陈州、归德而去。五月，李自成追击左良玉，攻克郾城，委任当地人王槐允为郾城知县。

如火如荼的李自成农民起义军，势如破竹。崇祯十七年正月，李自成在西安称王，国号大顺，改名自晟。三月，起义军攻入北京，崇祯帝在杀死了自己的女儿后，也在煤山一棵树上上吊而死。

• 捻军北舞渡之战 •

清咸丰九年（1859）三月，皖北捻军孙葵心部与南阳镇总兵邱联恩部在北舞渡相遇，捻军用计将邱部引到车户桥，经过激战，杀死邱联恩及其部将20余人，邱部人马大部被歼。

鸦片战争后，中国开始沦为半殖民地半封建社会，清政府为了支付高额的战争赔偿费，横征暴敛，增加税收。外国工业品大量倾销，使中国城乡手工业受到摧残，农民和手工业者纷纷破产。地主阶级乘机兼并土地，加重剥削。民族矛盾的加剧促进了国内阶级矛盾的激化，广大农民饥寒交迫，纷纷揭竿而起，终于在咸丰元年（1851）爆发了太平天国起义。咸丰二年，淮北农民张乐行、龚得树等在雉河集（今涡阳西北）一带率领捻军起义，聚众万余人，攻克河南永城等地。咸丰三年，太平军北伐进入黄河、淮河流域，捻军纷起响应，在豫、鲁、苏、鄂交界地区，形成十余支相对独立的队伍。后与太平军联合作战，歼灭大量清军，给清王朝以沉重打击。

咸丰三年，捻军从安徽进入河南境内，由原来的分散作战转变为统一的联合指挥，建立了豫鄂根据地，不断出兵作战，打击清军。捻军已成心腹之患，清朝政府急忙派南阳镇总兵邱联恩对捻军进行围剿和镇压。二月二十二日，皖北捻军孙葵心部与邱联恩部，在今周口市西华县西夏亭展开激战，由于力量薄弱，捻军失利。为保存实力，捻军撤退至郾城、襄城和舞阳交界地区，等待时机。邱联恩急功

【知识链接】

捻军起义

19世纪中叶，在广阔的淮北大地，爆发了一场大规模的农民革命——捻军起义，其规模仅次于太平天国起义。“捻”系淮北方言，从捻绳的意思而来，是团结起来有力量的意思。他们活动分散，每一股为一捻，少则几人、几十人，多不过二三百人。越是荒年，人数越多，他们“居则为民，出则为捻”，多是一些生计艰难的农民群众，以护送私盐为主，时与清军发生冲突。1852年，淮北地区的亳州、蒙城一带大旱，入捻的农民逐渐增多，后形成以张乐行、龚得树为首领的捻党，以五旗军制的组织形式，把处于分散状态的捻军初步统一起来，此后，捻党被称为捻军。1853年，太平军进入黄淮流域，捻军和太平军相互配合，遥相呼应，逐步发展成大规模的捻军起义。他们以皖北为中心，遍及豫东南、鲁西北、苏北、鄂北地区，成为北方反清武装的主力。1868年8月，东、西捻军全军覆灭，捻军起义以失败告终。

捻军起义，历时十多年，波及皖、鲁、苏、陕等10个省区，歼灭清军及地方团练10万余人，有力地配合了太平天国和北方各地的人民起义，沉重地打击了清朝的腐朽统治，加速了清朝的瓦解。

近利，骄傲自大，自以为兵多将广，想把这一支捻军赶尽杀绝，彻底剿灭。他亲自率领精兵3 000人，向西追赶捻军。他求胜心切，犯了兵家大忌，没有派兵进行侦察，清军也因为连日作战和奔跑，比较疲乏。二十五日黄昏，邱联恩部到达北舞渡，和捻军相遇，双方随即展开激战。捻军以逸待劳，本应大败清军，但他们却给清军假象，边打边退，将清军引到了舞阳、襄县边境的来坡村北车户桥处。原来捻军早已在这里沿着沙河两岸布置了埋伏，步兵队伍在车户桥，马队在两侧，严阵以待。

邱联恩将3 000名清兵兵分三路，向车户桥进攻。捻军步兵坚决抗击，两侧的骑兵蜂拥而上，将清军团团围住。清军官兵一看中计，士气大大受挫，队伍大乱。捻军将士则士气高昂，奋勇杀敌，杀死清兵数百。邱联恩看到自己的人马死伤如此惨重，又被包围，撤退不能，只好负隅顽抗。这时的捻军在孙葵心的指挥下则越战越勇，他们心里铆足了劲，要打一个翻身仗。清军被打得全线崩溃，邱联恩也被逼到车户桥头，慌乱中坠入桥下，被捻军士兵一枪刺死。他的部下战将20余人同时被杀，3 000人马大部被歼灭，少数逃往许州（今许昌）。

• 蒋先云血战临颍 •

北伐战争是中国现代史上的一次重大的军事行动，直接打击目标是受帝国主义支持的北洋军阀。1926年5月，国民革命军先头部队出兵湖南，于1927年5月27日攻占郾城，奉军败退临颍，一场血战在此展开，而北伐英雄蒋先云在此次战斗中献出了年轻的生命。

蒋先云，湖南省新田县（属永州市）大坪塘人，1902年生于普通农民家庭，自幼聪明过人，学生时代组织学生运动十分出色。毛泽东在1921年从上海参加党的“一大”之后，回到长沙就赶到衡阳听取蒋先云的汇报，吸收蒋先云等为湘南地区第一批共产党员，可称为蒋先云的恩师。蒋先云在投身学生运动与工人运动中，显示出了卓越的才能，成为朝气蓬勃的青年革命家。1924年春，蒋先云入黄埔军校第一期学习，他考进黄埔军校时是第一名，毕业时又是第一名，为“黄埔三杰”之首，位列陈赓、贺衷寒之上，是毛泽东、蒋介石钟爱的学生。

黄埔军校——名将之光

临颍县是许昌的屏障，战略地位极为重要。奉军自失去漯河天险、败退临颍后，其所属各部不断增援，同北伐军形成决战架势。当时，调集到临颍的奉军有：第十五军王树堂部之第四旅、第三十七旅、第四十五旅、野炮兵第四团、山炮兵第四团，第十七军之步兵六旅、骑兵一旅，第八军一部及飞机一队、坦克一队，总计兵力10万之众。奉军在城南马沟河一线的大沟桥、夹壕王、前赵、后赵、王庄、马庄、台陈、王街、海子龚、安庄、郭庄等村庄大修工事，死守马沟河。在城东七里头东端北至朝阳观一带，深挖战壕5公里，设置重要防线，并

蒋先云

在城北之七里头、史庄、符庄一带设立了重炮阵地。北伐军投入的兵力和军械装备都不及奉军，但此次战斗是二次北伐以来关系到武汉国民政府安危的至关重要的决战，广大官兵英勇战斗，不怕牺牲，在城南、城东、城北三个战场对奉军展开了激战。

1927年5月27日，城南北伐军第一师官兵面对奉军的疯狂进攻，毫不畏惧，沉着应战，连续打退敌人十余次进攻。28日晨5时，师长命令向奉军发起攻击，第一团向贾庄、龚庙之敌袭击，第二团向张陈、王街之敌进攻，第三团为预备队，向大杨庄、洪陈店等村牵制敌军。各团官兵冒着枪林弹雨，前仆后继，勇猛冲锋，夺取了张陈，占领了王街、大周，追击溃退和增援之敌。铁路左侧北伐军兵力相对薄弱，战局十分危急，双方你进我出，相持6小时。至下午1时，北伐军增援部队到达前沿阵地，全体官兵同奉军展开白刃战，至下午4时，北伐军再次猛攻。奉军全线动摇，沿京汉铁路向北溃退，使南线战场获得了全面胜利。

27日拂晓，北伐军第十一军军长、纵队司令官张发奎命副军长黄琪翔指挥第十二师、第二十六师攻击城东七里头一带奉军，并亲率总预备队正面跟进，与敌警戒部队靠近。黄昏时分，第十二师第三十四团向敌发起攻击，展开了激战，迫敌退守七里头阵地。虽经勇猛冲锋，仍不能克，双方相持一夜。28日拂晓，北伐军又发起全面进攻。奉军凭借兵力众多，工事坚固，且前有直射机枪，后有曲射、平射迫击炮，另有山炮、野炮的掩护，连连反击。双方交互冲锋，处于混战状态。中午，张发奎、黄琪翔冒着生命危险，亲临前线指挥，全体官兵在毫无隐蔽的麦田里，冒着枪林弹雨，赤胸露背，跃出阵地，全面出击，勇猛冲锋，同敌人展开了肉搏战。战斗至下午4时，敌人无力支持，全线动摇，北伐军遂克七里头和县城。

贺龙率独立十五师西进马沟河战场，主攻退守夹壕王一带的奉军，途经小商桥南宋抗金英雄杨再兴墓，贺龙堂弟贺锦斋赋五绝一首："英雄杨再兴，无愧宋将军。赢得沙河死，千秋慕美名。"28日凌晨，贺龙指挥一团团长贺锦斋、营长贺如松及四团团长贺文选等，多次发起冲锋。奉军以马沟河为屏障，机枪封锁，负隅顽抗。贺龙命主力直抄敌人右侧背，血战半日，占领奉军阵地。

北伐军第七十七团团长兼党代表蒋

先云带领全团官兵，经过连夜急行军，由商水经周家口于28日凌晨来到逍遥镇，当即召集各营营长传达军部的战斗部署。他手指地图口述上级命令：现在敌军固守临颍，我军决定今天向敌军发起攻击。第十二师由十里头攻东门，独十五师破小商桥，攻其南门。我师绕道外场，攻其北门。本团为先遣部队，现命令二营为前卫，速派尖兵经瓦店至外场待命。上午7时，二营尖兵已抵外场。8时许，蒋先云率领一营、二营及机关枪连、侦察队等赶到前沿阵地外场。这时，临颍城东传来激烈的枪炮声，蒋先云分析是第十二师已发起攻击，他担心十二师独战难以支持，于是命令立即策应，并马上派出尖刀连经辛庄、银庄搜索前进。尖兵连出发时，他带领官兵高呼："英勇战斗，不怕牺牲！""听官长指挥，与敌拼命，只有前进，没有后退！"士气愈加高涨。当尖刀连行抵辛庄附近六七百米时，发现奉军的排哨，部队即将其包围，把敌兵全部驱逐，占领了辛庄。接着跟随敌兵足迹搜索前进，距离史庄800米时，发现奉军的兵壕，便开火攻击。但是在一片平坦的麦地里，竟毫无地形地物可以利用做掩护，卧射则看不到敌人，立射又容易遭受奉军火力的损伤。尖刀连便采取猛力攻击的战术，以求迅速接近奉军。但奉军火力极强，士兵伤亡惨重。

在战斗最危急的时刻，蒋先云奔赴火线，对尖刀连疾声高呼："不要紧，我来了，打！"便率领一营、三营冲锋。由于敌军火力甚猛，弹如雨下，北伐军尚未冲进第二线，即已伤亡三分之一。他们立即改变战术，派出尖兵，采取强有力进攻的方法，集中火力，步步推进，迅速撕开了敌人的封锁，使其被迫溃退南逃到史庄、符庄一带。蒋先云率一营、三营官兵乘胜追击，决心彻底消灭敌人。日正中午，当蒋先云率兵追到距敌1 000米处时，突遭猛烈射击，官兵伤亡甚大，他左足中弹，士兵们前去救护，他不许，说："脚伤了，没关系，还能骑马，我必须杀退敌人。"第二十六师师长吴仲禧迅速派通讯员令蒋先云先撤离火线，包扎休息，并令第一营营长代他指挥全团，同时又命第七十六团团长沈久成率全团前往增援。但蒋先云杀敌心切，坚持战斗，对通讯员说："请转告师长放心，不捉住张作霖，我决不下火线。现在临颍县城在望，我跑不动可以骑马。"然后解下自己的绑腿带，包扎好流血不止的伤口，不顾疼痛，翻身跃上一匹雪白的战马，手举指挥刀，率领百余名战士，冒着密集的弹雨，飞奔冲入辛庄南敌人阵地，奋勇杀敌。弹雨如注，蒋先云复受重伤，人与马都扑倒在地，而他仍然高呼："冲锋！向前杀！"又说："我已受伤，你们要死战勿退。"战士们答道："请团长放心，我等决不后退，即使只剩下一枪一卒，也必定与敌拼命！"蒋先云鼓励说："好兄弟！"当时有六七个士兵前来救护，蒋先云说："来两个足够了，其余的上前杀敌！"就这样，蒋先云又拄着枪支，跨上战马，在两名士兵的护卫下，高擎着指挥刀向前冲去，全体官兵士气更旺盛。突然，一颗炮弹飞来，随着炮弹的爆炸，一块弹片炸断了蒋先云的腰带后穿入腹腔，鲜血外涌，血流不止。牺牲之前，蒋先云还挺身奋力呼喊："冲啊！杀啊！前进！前进！"

临颍之役，北伐军击溃了奉系军阀主力，蒋先云亲临火线，奋勇杀敌，三次负伤，三次奋起。这位由毛泽东于1921年亲自发展的共产党员，同毛泽东、刘少奇、李立三一起到安源路矿发动工人运动的领袖，跟随周恩来在黄埔军校任政治部秘书的先锋战士，同蒋介石进行面对面的斗争，坚定表明"头可断，而共产党籍不可丢"的坚强勇士，为了中国革命的胜利，用鲜血浇开了中原大地上的一朵绚丽的共产主义之花。

• 万名老婆闹定陵 •

1941年8月，共产党员曹剑影联络发动广大农民群众，成功地领导了以北舞渡为中心的沙澧河两岸农民反抗当地官府的斗争，史称"万名老婆闹定陵"。

国民党统治时期，舞阳县和全国一样，阶级矛盾很严重，大部分土地被少数土豪劣绅霸占，广大劳动人民只能靠租种土地过日子，遇见旱涝，就更加悲惨。

屋漏偏逢连阴雨，从1939年至1941年，舞阳非涝即旱。1939年夏秋之际，阴雨不断，山洪暴发，沙、澧二河漫溢，受灾村庄691个，淹没秋禾393万亩，倒塌房屋2.5万间，灾民9.6万人。1941年又逢大旱，很多人食不果腹，不得不背井离乡，逃荒要饭。

天灾无情，人祸更毒。一方面，日本

侵略者不断出动飞机，向非占领区实施狂轰滥炸，使得人心惶惶；另一方面，由于抗战吃紧，国统区的支出剧增。当时舞阳是中原王汤恩伯部驻防基地，他们置广大灾民的生死于不顾，任意加重苛捐杂税，横征暴敛，还强行征兵、征夫修工事，筑营房，伐树木，拆民房，弄得十室九空，群众叫苦不迭，怨声载道。舞阳人民生活在水深火热之中。

沙河两岸出现的严重灾荒引起了中共党员、时任关老寨小学教师的曹剑影的极大关注，他决定趁此机会，因势利导，发动群众，点燃抗粮抗暴的斗争烈火。曹剑影利用课外时间，秘密到关寨、寺后任、林庄等村，以学生家长为纽带，找贫困农民促膝谈心，拉家常，揭露国民党不抗日、不救民，贪污受贿、敲诈勒索等腐败行为，鼓励大家团结起来，开展斗争，自己拯救自己。他的话使群众觉悟了，提高了大家的斗志。在此基础上，他引导农民，组织以中老年妇女为主体的队伍，积极开展斗争。经过一段深入细致的思想发动和组织工作，沙河两岸农民的抗暴激情很快形成了一股不可遏制的洪流。

曹剑影看到时机成熟，经过认真考虑，决定马上行动，向一批可靠的骨干部署计划，交代斗争的方法和口号，并强调斗争一定要达到目的。

1941年8月的一天，火辣辣的太阳炙烤着干裂的大地，沙河两岸上空的空气异常沉闷。突然，关老寨乡的扁担徐村响起了急剧的铜锣声，只见该村妇女李文贞骑在马上，鸣锣发令，数百名中老年妇女一呼百应，手掂拐杖涌了出来，直接向关老寨乡公所冲去，路过邢庄、魏集村时，顺势先砸了那里的保公所，痛打了保长。她们一边走一边高喊：“还我孩子还我粮！打倒狗乡长张峙宇！”中午时分，队伍到达关老寨，她们砸了乡公所的牌子，然后涌进乡公所，砸电话，烧账册文件。这时，从附近各村赶来的中老年妇女越来越多，当她们准备打开乡公所仓库抢粮之际，当地大恶霸关震亚带一帮乡丁打手赶来，先是鸣枪威胁，接着就动手打人。曹剑影见情况突然，旋即离开现场，不大工夫，召集来侯集方向的几百名群众，个个手持木棍、铁锹，没头没脑地向乡丁们打去，然后又和众多中老年妇女们一起将关震亚团团围住。关震亚迫于无奈不得不答应他们的要求，要惩办凶手，医治受伤群众，释放关押的壮丁和民夫。

一石激起千层浪，捣毁关老寨乡公

所的行动，拉开了沙河两岸抗暴抗征斗争的序幕。各村的中老年妇女们纷纷行动起来，同当地乡长、保长进行公开斗争。徐集乡乡长郎殿卿被痛打一顿，乡公所的粮食、面粉被一抢而空；西郭庄保长郭晋宇为应付已经包围了保公所的中老年妇女们，一改昔日骄横狠毒的面目，嬉笑着捧出大西瓜，被反抗的人们拿过来砸在他的脸上，郭晋宇急忙跳墙逃窜。

反抗压迫的怒火越烧越旺，沙河两岸的中老年妇女组成了一支庞大的拐杖队伍。次日，定陵全区及与舞阳接壤的襄城、郾城部分村庄的中老年妇女也都坐船过桥按预定的时间和路线，带着干粮，手持拐杖，如滚滚洪流，从四面八方涌向定陵镇。离区署较远的一些村庄的农民还专门套上铁轮牛车护送老太太，行进中，他们打跑了监视挖战壕的监工和工头，解放了民工，并使其纷纷扛起铁耙、铁锹加入抗暴抗征斗争的行列，队伍不断壮大。他们一路上见到乡公所就砸，遇到乡长、保长就打，见仓库就打开分粮，各路群众向着定陵镇涌去。

定陵坐落在沙河南岸，地处水陆交通要道，是历史上有名的商埠，是舞阳县最大的集镇，也是国民党政府在舞阳北部的统治中心，是当时舞阳县第三区区署和定陵镇公所所在地。临近中午时分，上万名中老年妇女，加上助威的农民和声援的工商学各界群众，使偌大的定陵镇大街小巷人山人海，水泄不通。在一阵又一阵“还我孩子还我粮，还我土地还我房”“反对一切苛捐杂税”“打倒区长尚振华”的口号声中，他们冲进镇公所，镇长李敬宇闻讯逃跑，镇公所被捣毁。接着，他们又冲进区署所在地——天爷庙院，愤怒的群众摘下区署的牌子将之砸个粉碎。区长尚振华见势，慌忙溜出区署，企图逃跑。中老年妇女们一见他便怒气冲天，追赶厮打。愤怒的人群一拥而进，捣毁了区署门窗和办公用具，焚烧账册文书，电话机也被扔进水坑。东路赶来的抗暴人群直冲山陕会馆院中，这里是区警所的牢狱，关押着四五百名被各乡、保抓来的壮丁和缴不起税捐的农民。中老年妇女们冲进去打跑了看守人员，砸开了牢门，救出了被关押的农民群众。稍后，几路人马和定陵镇的饥民们，汇集到区署顺河街东端河堤边的黄家大院，这里是区署仓库所在地，里边存放着从全区搜刮来的饥民们的救命粮食，准备给汤恩伯送军麦。他们砸开仓门，有的装，有的担，有的背，有的抬，将库粮一扫而空。

抗暴抗征斗争，犹如摧枯拉朽，拐杖所向，大小官吏望风披靡，落荒而逃，逃不脱者跪地求饶。人们第一次看到了团结就是力量，团结就能胜利。多少年来定陵地区的妇女们从来没有这样开心过，但她们并没有满足，接着准备向县城进军。由于天气突变，暴雨倾盆而下，家在沙河北岸的妇女们惦记着家中的孩子，加之躲在暗处的国民党区署人员及区团队武装也趁此恫吓威胁，大肆鸣枪，使得人民群众的斗争锐气受挫，汇集在定陵的抗暴大军陆续散去，一场史无前例的中老年妇女的抗暴抗征斗争，就这样令人遗憾地终止了。

【知识链接】

曹剑影

曹剑影（1914—1948），原名曹景，又名曹志仁，河南遂平县人。1930年参加革命，同年6月加入中国共产党，曾任中共城关支部书记、大石桥区区委书记和遂平县委宣传部部长等职。

1939年11月，国民党顽固派制造“竹沟惨案”，杀害新四军留守人员和当地革命群众，遂平革命环境恶化，党组织决定让曹剑影到舞阳县定陵镇（北舞渡镇）培德中学任教员。1940年，他又受聘于关老寨小学。曹剑影利用三尺讲台，宣传抗日救国。1941年夏，舞阳大旱，他以烧香求雨为名，发动以中老年妇女为主体的妇女斗争，组织了豫中地区有名的“万名老婆闹定陵”抗暴抗征斗争。1945年2月，曹剑影任遂平支队第二大队长。抗战胜利后，转移湖北随县。1946年6月，随新四军五师突围北上。1947年7月，随刘邓大军南下，任湖北省罗田县滕家堡区区长。1948年3月，在国民党对大别山区“扫荡”中，曹剑影被疏散到山区隐蔽，任河铺区区长。同年4月，曹剑影在带领一支小分队侦察敌情时，在松子关下被包围，不幸被捕，5月5日被残酷杀害，时年34岁。新中国成立后，被河南省人民政府追认为革命烈士。

名人扫描

——群星荟萃的历史名人

漯河物华天宝，人杰地灵。历史上，东汉横野大将军王常、文宗字祖许慎、司徒丁鸿、刚正廉士范滂、前蜀皇帝王建、礼部尚书贾咏、台北知府陈星聚等皆出生于此。王常布衣出身，辅佐光武帝刘秀建立了东汉王朝。丁鸿直言极谏，用奏章置权倾当朝的窦氏兄弟于死地。许慎编纂出《说文解字》，在文字学研究方面贡献之大，前无古人。范滂为了建立清平世界，与邪恶势力殊死抗争。王建戎马一生，以武力平定蜀地，由平民百姓成为大蜀国皇帝。贾咏学识渊博，官至光禄大夫、柱国、少保，兼太子太保、礼部尚书、武英殿大学士。陈星聚为官清正，被誉为“纯儒循吏”。他们都曾名冠当朝，为当时的社会发展与进步做出了贡献。

近现代，漯河更是人才辈出，其中有有机化学家、药物化学家，中国科学院学部委员，美国纽约科学院院士梁晓天；中国历史学家、蒙古学家、中国科学院哲学社会科学部学部委员韩儒林；中国微生物学家、中科院学部委员方心芳和国家一级演员、著名越调表演艺术家申凤梅。他们都在不同的战线上取得了辉煌的业绩，为党和人民的事业做出了重大贡献。

横野大将军王常

王常

王常（？—60），字颜卿，汉代颍川舞阳人。光武帝刘秀拜其为横野大将军，封山桑侯。

一

王莽统治时期，朝政混乱，灾害频发，赋税沉重，饥民四起。王莽天凤四年（17）八月，荆州地区发生大饥馑，不少百姓逃入山野沼泽，挖掘荸荠充饥，为此互相争斗。新市人王匡、王凤出面为饥民解决纷争，被大家推为首领。不久，王常、成丹、张印等人入伙，商定起兵造反。他们以绿林山为根据地，打家劫舍，相随者与日俱增，数月之内，发展到近万人。

王莽地皇三年（22）四月，绿林兵遇到瘟疫，死亡将近一半，于是兵分两路离开绿林山。王常、成丹、张印等率领一部分向西进入南郡，称下江兵；王凤、王匡、马武等人率领一部分向北进入南阳，称新市兵。不久，平林人陈牧、廖湛又聚众1 000余人起事，称平林兵。七月，王莽派遣纳言大将军严尤和秩宗大将军陈茂进行讨伐，将下江兵打垮。后来，王常、成丹、张印等人又把溃散的士兵汇集在一起，在三钟山与石龙山之间展开游击战，人数逐渐增多，声威大震。随后与荆州牧在上唐会战，大破州府官军。

与此同时，南阳郡的刘縯、刘秀兄弟为了恢复刘氏皇室，组建了汉军，反抗王莽政权。十一月，刘縯、刘秀联合新市兵、平林兵一起西击长聚。不料途中与前队大夫甄阜、属正梁丘赐的军队遭遇，汉军不敌，刘秀单骑逃命。新市兵、平林兵见汉军初战受挫，准备溜之大吉，逃往别处。

正当刘𬙂、刘秀处于危难之时，王常、成丹和张卬带领5 000人进抵宜秋聚。刘𬙂得到这一消息，便带着刘秀、李通亲自到下江兵的营寨拜访，说："我们愿见下江的一位贤明将领，商议大事。"下江兵推举王常。刘𬙂见到王常，与他分析联合作战的好处，王常大为省悟，说："王莽残酷暴虐，百姓思念汉朝。而今刘姓家族复兴，才是真正的天下之主。我们应该挺身而出为之所用，辅佐成就大业。"王常把他的想法告诉了成丹、张卬。成丹、张卬自以为自身兵力强大，说："大丈夫既然起事，就应该自己当主子，为什么受别人控制呢？"王常给他们解释说："王莽苛刻残酷、民心丧尽。百姓歌唱吟咏，思念汉朝，已经不是一两天的事了。正因为如此，我们才能够趁机崛起。常言道：民心怨恨的，上天定会铲除；民心盼望的，上天定会赐予。兴起大事业，必须下顺民心，上合天意，然后大功才可以成就。"下江兵的将领们虽然倔强，然而向来尊敬王常，听了王常的一番劝导，都明白了与刘𬙂联合的重要性，于是一致向王常道歉说："如果没有王将军，我们几乎陷于不义的泥潭。"

二

更始元年（23）正月，刘𬙂、王常率领汉军与下江兵再次攻打甄阜、梁丘赐部，大获全胜，斩杀了甄阜、梁丘赐及属下士卒2万余人。王莽派纳言将军严尤、秩宗大将军陈茂驻防宛城。刘𬙂、王常与他们在淯阴会战，大破严尤、陈茂的军队，并且包围了宛城。此时，联军已发展到10余万人。各路将领议论：咱们人马虽多，却各自为王，没有一个统一指挥联军的统帅。于是他们商议，拥立一位刘姓皇族成员做统帅。下江兵首领王常及南阳郡的豪杰等，主张拥立刘𬙂。而新市兵、平林兵的将领，乐于放纵的生活，害怕刘𬙂的威严，事先共同确定推举刘玄。刘玄是春陵戴侯刘熊渠的曾孙子，原来在平林兵，称更始将军。不久，刘玄称帝（国号更始），任命新市兵将领王匡为定国上公、王凤为成国上公，平林兵将领陈牧为大司空。刘𬙂被任命为大司马，王常被任命为廷尉、大将军。

三月，王凤、太常偏将军刘秀、王常等率部攻克昆阳（叶县）、定陵（北舞渡）、郾城等地。王莽派遣司空王邑、司徒王寻进行讨伐，共纠集了40万大军（号称百万），并在颍川同严尤、陈茂部会合。王凤、刘秀、王常等见王寻、王邑部兵多势众，便退守昆阳城。王寻、王邑纵兵将其团团包围。危急时刻，刘秀让王凤、王常等人守卫昆阳，自己仅率13人出城搬兵。六月初一，刘秀带回一支万余人的援兵攻打围城的王寻、王邑部，与昆阳城中冲杀出来的王凤、王常部里应外合打垮了王寻、王邑的部队，取得了以少胜多的辉煌战绩。

更始二年正月，王莽被杀后，刘玄由洛阳迁都到长安。在此尽封功臣为王。王常被封为邓王，定食8个县，代理南阳太守。王常为人恭敬谨慎，遵守法度，南阳人都称赞他。

在此期间，新市兵、平林兵将领们嫉妒刘縯兄弟威名日盛，建议刘玄将其秘密除掉。不久，刘玄将刘縯处死。刘秀听到消息后，忍气吞声，不露声色，仍然奋勇杀敌，消除了刘玄的疑心。刘玄任命刘秀为破虏大将军，封武信侯。不久，刘秀又被任命为大司马，封为萧王。

三

汉光武帝建武元年（25）六月，刘秀背叛刘玄，在河北鄗县称帝，国号光武。建武二年四月，王常带领家人到洛阳归顺光武帝刘秀。刘秀见到王常非常高兴地说："王廷尉辛苦了。每当想起以前的事，怎么也忘不了咱们一起共渡危难的日子。如今不来不往，怎么能兑现你所说'辅成大业'的诺言呢？"言外之意，指责王常应当早来归顺。王常磕着头说："以前承蒙您的指点，促使我托身于陛下。自宜秋初遇，到昆阳之战，就一直跟随您，关系牢不可破。之后，刘玄不估量我愚笨，任命我为南阳太守。接着黄眉军攻入长安，使我心灰意冷，大失所望，认为天下又要失去正常的秩序了。听说您在河北称帝，我心里兴奋，又看到了新的希望。现在，我已经在皇宫中见到了您，死也没有什么遗憾了！"刘秀笑着说："我与你开个玩笑，看到王廷尉，也就不用担心南方了。"于是刘秀任命王常为左曹，封山桑侯。

汉光武帝建武十二年，王常在驻守的营地去世，谥号节侯。汉明帝永平三年（60），汉明帝怀念创立东汉中兴大业的功臣，在南宫台画上32位将领的肖像，王常也在其中。

• 直谏司徒丁鸿 •

丁鸿

丁鸿（？—94），字孝公，东汉颍川定陵（治所在今舞阳县北舞渡镇）人，著名儒学家，曾任侍中、太常、司徒等职。他才学出众，人品高尚，为人师表，疾恶如仇，曾用奏章置窦氏兄弟于死地，成为千古美谈。

一

丁鸿天资聪慧，13岁时师从太子少傅桓荣学习《欧阳尚书》。三年便明晓章句，善于议论辩难，任都讲。

丁鸿的父亲丁綝，王莽末年任颍阳县尉。刘秀攻占颍阳时，丁綝劝说守城的头领，使其举城投降。刘秀十分高兴，任命丁綝为偏将军，让他讨伐王莽。丁綝带领将士率先渡过黄河，带着征讨王莽的檄文，收复了河南、陈留、颍川等地的21个县。汉光武帝建武元年（25），光武帝刘秀任命丁綝为河南太守。到了分封土地时，刘秀让功臣们随意挑选封地，大家都是挑选富庶的县郡，唯有丁綝请求分封自己的故乡。

丁鸿受父亲的影响，自小养成了不贪图名利的品德。父亲去世时，丁鸿应当继承封国，但是，丁鸿怜其弟年幼，上书要求将封国让给弟弟丁盛，朝廷未予答复。丁鸿安葬了父亲以后，将丧服挂在守墓的小屋里逃走。丁鸿的朋友、九江人鲍骏在东海国遇到丁鸿，责备他说："从前孤竹君子伯夷和吴王之子季札推让王位，是乱世中的暂时行为，那样做才能表明他的气节。根据《春秋》大义，不可以因家事废弃国事。如今您由于兄弟手足之情而断送父亲建立的万代基业，这样行吗？"丁鸿醒悟过来，便回去继承了封国。鲍骏于是上书向朝廷举荐丁鸿，称赞他精通经学，行为高尚。

明帝尊崇儒学，喜欢有学问的贤才。汉明帝永平十年（67），明帝召见丁鸿，让他讲解《文侯之命篇》。丁鸿解说透彻，用语精当，明帝十分满意，当即赏赐御衣绶带，让他住进公署候旨，享受与博士同等待遇。不久，丁鸿被任命为侍中。汉明帝永平十三年，丁鸿又兼任射声校尉。

二

汉章帝建初四年（79）七月，校书郎杨终建议："宣帝曾广召儒生，在石渠阁讨论儒家'五经'。如今天下太平，学生们得以完成事业，但那些只知分析注释文章辞句的人，却破坏了'五经'的完整体系。应当按照石渠阁的先例，重新研究弘扬经书大义，作为后世永久的法则。"章帝采纳了他的建议。十一月，章帝对太常下诏说："命诸将、大夫、博士、郎官及儒生们在白虎观集会，就众人对'五经'的相同与不同的见解进行讨论。"章帝亲自出席讨论会，命五官中郎将魏应代表自己发问，自己负责裁决，并要求将此次结果记录在案，撰成《白虎议奏》。丁鸿、楼望、成封、桓郁、班固、贾逵及广平王刘羡都参加了此会。这次大讨论为丁鸿提供了一个展示个人才华的好机会。面对魏应的发问，丁鸿对答如流，独到的见解、精辟的论述，使与会者无不称道，章帝连声赞叹说："好！好！"当时，人们都很佩服丁鸿的才华，感叹地说："殿中无双丁孝公。"为此，朝廷也多次赏赐丁鸿，任命他为校书。他的门生也由此大增，拜师求学者多达数千人。汉章帝元和三年（86），丁鸿被封为马亭乡侯，后又升为太常。

三

汉章帝章和二年（88）一月，汉章帝病逝，汉和帝少年即位，窦皇后被尊奉为窦太后，临朝摄政。窦太后让其兄窦宪以侍中身份入宫主持机要，传达太后的命令。她的三个弟弟也分别在皇上、皇后身边，担任虎贲中郎将、中常侍等要职。窦宪性情暴烈，贪婪权势，心胸狭窄，心狠手辣。尚书仆射郅寿屡次上书，指责窦宪骄横，窦宪大怒，反诬郅寿私卖公田，诽谤朝廷。郅寿被交付官吏审讯，当处斩刑。翌年六月，窦宪指挥汉朝军队大败北匈奴军，又被任命为大将军，窦太后下诏规定：窦宪的地位在太傅以下，三公之上

（依照旧例，大将军位居太尉、司徒、司空三公之下）。窦宪威名越发显赫，窦氏兄弟更加骄横放纵。窦笃、窦景同时兴建宅邸，征调差役民夫。他们苛刻暴虐，随心所欲；生活奢侈，非法夺取。尚书仆射乐恢准备上书控告，窦宪暗中让人胁迫乐恢服毒而死。

汉和帝永元四年（92）三月，司徒袁安去世，丁鸿由太常升任司徒。六月，适逢出现日食，丁鸿借机上书弹劾窦宪，说："当年吕氏家族专权，皇统几乎移位；哀帝、平帝末年，皇家宗庙中断。所以，即使是像周公那样的近亲，如果其人没有品德，也不能让他得势。如今大将军窦宪虽然希望自我约束，不敢有所僭越差池，但天下远近之人，全都对他诚惶诚恐地奉承听命。新任命的刺史、二千石官员，要到窦家拜谒辞行，求通姓名，听候答复。尽管已接受皇上赐予的印信，接到尚书台的训令，也不敢就此离去。等待窦宪召见的时间，久的长达数十天。背对朝廷，趋向私门，这是君王威望受损、臣下权势过盛的表现。人间的伦常如果在下面被扰乱，天象就会出现相应的变化。尽管事有隐秘，神灵也能洞察内情，用天示警，以告诫人间的君王……应当趁着天象示警，改正朝廷的失误，以回报天意。"丁鸿的奏章言辞犀利，直言极谏，犹如一篇征讨窦氏兄弟的檄文。窦宪害怕因此失去权力，纠集同党密谋杀害和帝。和帝暗中了解到窦宪的阴谋后，决定杀掉窦宪。后因窦太后的缘故，没有正式处决窦宪，而是让他回到封地后自杀。

汉和帝永元六年（94）正月，司徒丁鸿去世。

• 文宗字祖许慎 •

许慎（约58—约147），字叔重，汝南召陵（今漯河市召陵区）人。东汉时期著名经学家、文字学家。师事贾逵。曾任太尉南阁祭酒、洨长。博通经籍，有"五经无双许叔重"之评。

一

许慎"少博学经籍"，精通"五经"。永平十四年（71），许慎被汝南郡录用为文书小吏。建初元年（76），许慎被汝南郡守选拔为郡功曹。任职期间，他

许慎

勤于政事，廉洁奉公，严于律己，宽以待人。建初四年，许慎被推举为孝廉之士。建初八年，许慎被选入京，任太尉南阁祭酒，并师从经学大师贾逵，由学习今文经改为学习古文经。元和元年（84），许慎开始撰写《孝经孔氏古文说》。元和二年，许慎开始撰写《五经异义》，当年完成后，开始编著《说文解字》。

当时，占有学术统治地位的一直是今文经学。今文经学注重微言大义，诠释经文人自为说，以致形成该学派内部师法森严、派系林立、经有数家、彼此歧视、不相融合的局面。西汉末年，随着古文经籍的陆续发现，古文经学开始兴起。刘歆首倡古文经学，主张解说经文，言必有据。这与今文经学空疏浅陋、烦琐寡要的学风形成鲜明的对比，直接威胁到了今文经学的官学地位，因此遭到今文经学派的肆意攻击，称古文经学者为“诡更正文，向壁虚造不可知之书，变乱常行，以耀于世”的“好奇者”。今文经学派内部的争论已被今文经、古文经两学派的争论所取代。两学派在谁是谁非问题上激烈的争论，一直没有结果，这使经学学术研究更趋混乱，以致影响到思想的统一和社会的安定。也正是两学派争论激烈的时期，许慎师从经学大师贾逵，由学今文经改学古文经。他通过学习古文经，发现了今文经与古文经的区别：今文经学总是曲解文字，认为经书就是圣人之言，并且常常断章取义，任意地引申比附；古文经学派认为解说经书就应该根据字的意思，应该重视语言文字之学，树立它在经学上的崇高地位。许慎个人认为，先有文字，而后才有“五经”，文字是经艺之本、王政之始，前人所以垂后，后人所以识古；曲解文字，则会篡改经艺，而不利于王政。许慎凭着自己“五经无双”的学养和坚实的小学（研究文字、训诂、音韵方面的学问）造诣，依据“必遵修旧文而不穿凿”的原则，本着“理群类，解

文宗字祖——许慎

谬误，晓学者，达神恉”的宗旨，开始编著《说文解字》。永元十二年（100）完成《说文解字》初稿。永元十四年，许慎完成《淮南子》注释。永初五年（111），许慎撰写《汉书注》。元初五年（118），许慎被朝廷选任为洨县（今安徽省固镇县）县令，他坚辞不受，称病返乡，致力于《说文解字》的修订。建光元年（121），《说文解字》告竣。

二

《说文解字》正文14卷，叙目1卷。正文收字9 353个，重文1 163个。该书解说内容丰富，训示文字简约，征引经籍广泛，纂辑条例多绪，其学术价值主要概括为四个方面：第一，正确诠释了“六书”，说明了汉字造字的不同来源。尽管在《说文解字》之前已有“六书”之说，但一直没有著述予以诠释。《说文解字》则给象形、指事、会意、形声、转注、假借这“六书”逐一定义，所说确切而简明。第二，采用了部首编排，使用了直音注音。《说文解字》首先使用了部首检字法，后被编著字典者广泛运用。在注音方面，《说文解字》采用直音注音，就是用一个比较容易认识的字来标注与它同音的字，同时对每一字进行释音，使后人也能够了解古音。第三，解说引经据典，各类资料丰富。《说文解字》在解说中，采用《尔雅》等30多种典籍，并汲取前人和同代通儒的解说141处。《说文解字》的内容包罗万象，囊括了秦汉时期大量的历史文化资料。第四，规范统一了汉字，被公认为是经典之作。

《说文解字》的问世，遏制了当时文字使用中的混乱现象，发挥出规范统一文字的作用，因此逐步被奉为研究文字、文史、音韵等学科的经典，在规范统一汉字方面，具有划时代的意义。

三

《说文解字》面世后，由此产生了“说文学”，影响极为深远。唐代开科取士，《说文解字》是必考的内容。唐玄宗曾称颂《说文解字》“最有品式”。明代李时珍所著的《本草纲目》中，引用《说文解字》达47处之多。清代大兴“说文学”之风，仅研究《说文解字》而有著述传世者多达200余人，著作1 000余卷。著名汉学家王鸣盛称《说文解字》为“天下第一书”。近代儒学大师章炳麟认为读书必先识字，识字必习《说文解字》。当代从事考古、整理古籍、研究文史，《说文解字》仍是必读之书。

《说文解字》告竣后，许慎遣子许冲将《说文解字》与《孝经孔氏古文说》一卷一并献于朝廷，许冲获得御赐布40匹。之后，许慎一直在家乡教书，直至逝世。

• 刚正廉士范滂 •

范滂

范滂（137—169），字孟博，东汉汝南征羌（今召陵区青年镇）人。

一

太学时期，范滂就有了“一代德行表率”的美誉，后又被推举为孝廉。入仕后，他满怀澄清天下吏治的豪情，很快声名鹊起，三公、九卿以下的官员，都降低自己的身份，对他恭敬备至。汉桓帝永寿元年（155），冀州发生饥荒，饿殍遍野，盗贼四起，朝廷委派范滂为清诏使，到冀州巡视考察。当地一些贪赃枉法的太守和县令们，一听说范滂前来巡视的消息，便自动解下印信，辞职而去。一路上，范滂所举发和弹劾的官员，没有一个不是当地百姓期待查处、有劣迹的。范滂也因此荣升为光禄勋主事，声望越来越高。

汉桓帝延熹二年（159）六月，桓帝诛杀了权倾当朝的大将军梁冀，黄琼由大司农提升为太尉。黄琼大胆举发、弹劾各地行为残暴、贪婪的官吏，致使十余人被处死或流放。此时，桓帝下诏让太尉、司徒、司空掾属等官员品评地方官吏的善恶、得失，反映各地百姓的心声、疾苦。黄琼在征聘官员时，征聘范滂代为行事。范滂受聘后，在很短时间内弹劾了刺史、二千石官员、权贵党羽等二十余人。尚书责备他弹劾得太多，怀疑他存有私人恩怨。范滂义正词严地回答说：“我所举发弹劾的官吏，都是奸邪暴戾、危害百姓的人，证据确凿。只是因为朝会的日期太紧，仅能先举发丞待惩处的，其余的待调查核实后，再行弹劾。我听说，农夫必须除草，庄稼才能茂盛；忠臣必须除掉奸臣，王道才能清平。如果我弹劾的有差错，我甘愿明正典刑，处决示众。”尚书听罢，也就不再继续责问了。此事让范滂感到在朝廷处事艰难，便离职而去。

二

汉桓帝延熹九年四月，汝南郡太守宗资仰慕范滂的名声，委任其为功曹，让他负责整顿太守府的吏治。范滂上任后，严惩邪恶之徒，对一些违背孝悌、不遵循仁义的人，轻则不与他们共事，重则驱除郡府；大力推荐有特殊节操的人，大胆提拔隐居的贤人；严于律己，不徇私情。范滂的外甥李颂，出身于官宦之家，德行却为乡人所不齿。中常侍唐衡托太守宗资任用李颂，宗资同意任用李颂为郡吏，并且下发了公文。范滂知道李颂成事不足、败事有余的德行，接到公文后搁置在案头，不予接收，更不肯召见李颂。宗资不知原委，就迁怒于他人，捶打起书佐朱零，责问他为何不办。朱零解释说：“这是范滂的决定，今天我宁愿被打死，也不违背范滂的这一正确决定。”宗资只好作罢。这件事在太守府立刻引起了轩然大波，一些品行差的官吏无不怨恨范滂太强势，责怪他不把太守放在眼里，于是很快就传出了极具讽刺性的谣言：“汝南的太守是范滂，宗资只不过负责在文书上签字。”

河南人张成，精通占候之术，他预先推算出朝廷要颁发大赦令，便让自己的儿子去杀人。司隶校尉李膺得知张成是故意以身试法，便让属吏逮捕了张成父子。时隔不久，果然赶上朝廷颁发大赦令，张成父子正好属于赦免对象。李膺认为张成父子是明知故犯，戏弄法律，一气之下便将张成父子就地正法。张成平时以占候之术与宫中宦官结交，桓帝有时候也向他询问占候之术。宦官们为了发泄对李膺杀掉张成父子的怨气，于是指使张成的徒弟牢修编织罪名，上书控告李膺等人结成朋党，诽谤朝廷。桓帝大怒，下诏逮捕了李膺、杜密等人。李膺、杜密等人的供词牵连到范滂等200多名太学生。范滂也就很快便被作为“党人”投进了大牢。

三

范滂等人被提审时，一个个颈戴枷，手戴铐，脚挂镣，头被布袋蒙着，站在台阶下面。审讯官王甫逐一诘问说：“你们相互推举保荐，结成一党，究竟有什么企图？”站在前面的人对王甫提出的问题有的回答，有的默不作声，范滂心里着急，便从后面冲到前面，据理力争地回答说：“孔丘说：‘看见善，立刻学都来不及；看见恶，就好像把手插到滚水里，应该马上停止。’我希望奖励善良的人，使大家同样清廉；嫉恨恶人，使大家都明白卑污所在。在如何惩恶扬善、勤政廉政这方面，大家应当经常在一起相互学习，相互交流。本以为朝廷会鼓励我们这样做，从没想到这是结党。”王甫又说：“你们相互提拔，互为唇齿，有不合你们意的，就被排斥，用心何在？”范滂又慷慨激昂地回答说：“早就有‘近朱者赤，近墨者黑’的古训，接近、推举贤臣，不与小人交往，这难道就是罪过？”“古人修德积善，可以为自己谋取多福；而今修德积善，却身陷死罪。我死后，但愿将我的尸首埋葬在首阳山之侧，上不辜负皇天，下不愧对伯夷、叔齐。”王甫深为范滂的言辞而动容，很同情他的无辜遭罪，于是让狱吏去掉了他们身上的刑具。桓帝大赦天下时，李膺、杜密、范滂等200多人，都分别被遣送回各自的故乡。

桓帝死后，灵帝继位，窦太后主持朝政。朝廷大臣陈蕃、窦武上书，请示征召李膺、杜密等人入朝理事，并提出废除宦官制度。宦官们窃得音讯后，立即伪造诏书，杀了陈蕃、窦武，接着又暗示官吏奏报，“党人”企图危害国家，互相串通结党的有李膺、杜密、范滂等人，令州郡官府缉拿捕杀。年仅14岁的灵帝，便予以批准。

范滂遂自行投案，死于狱中。当时，像范滂一样因“党人”案含冤而死的有100多人，大多都是国家栋梁之材及有良好品行和道义的儒家学者。

• 前蜀皇帝王建 •

王建（847—918），字光图，许州舞阳人。年轻时以屠牛、贩私盐为业，后应募入唐忠武军。他身经百战，以武力建立起大蜀王国，戎马一生，由平民百姓成为一代君王。

一

唐僖宗乾符四年（877），王建所在

王建

的忠武军讨伐起义军王仙芝部，王建因作战勇猛，被提拔为列校。唐僖宗广明元年（880），忠武军在蔡州悬重赏募兵时，王建得补为军虞候。

唐僖宗中和元年（881），南行营招讨副使、都监杨复光奉命率领忠武军征讨起义军黄巢部。他将忠武军的8 000名士卒分为八部，分别由牙将鹿晏弘（许州人）、晋晖、王建、韩建、张造（许州人）、李师泰（许州人）、庞从等8人任都头。

唐僖宗中和四年十月，王建、韩建、张造、晋晖、李师泰率领数千人马到成都投奔宦官、观军容使田令孜。田令孜把他们5个人收为义子，同时封他们为卫将军，号称“随驾五都”。僖宗由成都返回长安后，王建任神策军使，宿卫禁宫。

唐僖宗光启元年（885）十月，田令孜与河中节度使王重荣因池盐之争，引发兵谏。王重荣求援于河东节度使李克用，李克用率兵威逼长安，僖宗逃往凤翔。光启二年三月，田令孜侍奉僖宗逃往兴元，情况危急，僖宗将传国之宝交给王建贴身携带。登大散岭时，叛将凤翔节度使李昌符已经派人焚烧栈道一丈多长，王建不顾一切地搀扶着僖宗从烟焰中跃过，由此甩掉了追兵。僖宗到达兴元，任命王建为壁州（今四川通江县）刺史，此为军中将帅隔地兼任州镇官职之始。

光启三年元月，朝廷任命原金商节度使杨守亮为山南西道节度使。杨守亮嫉妒王建骁勇，认为王建不会甘居己下，上任后多次召令王建到自己的镇所，王建恐有不测，始终未去。

在这种情况下，王建招募了一支8 000人的队伍，沿嘉陵江而下，攻打阆州，赶走了刺史杨茂实。王建自称防御使，招纳四处逃亡人员，军力随之壮大。

东川节度使顾彦朗，以前与王建同在神策军中任军使，曾一起讨伐过叛军。王建占据阆州之后，顾彦朗担心王建侵扰暴掠辖区，多次派出使者前往王建的驻地慰问和赠送礼品，还送给了军粮，因此，王建一直没有进犯东川顾彦朗的地盘。

二

王建与顾彦朗的和睦相处，引起了西川节度使陈敬瑄的不安，他担心王建与顾彦朗联合起来算计自己，于是便找田令孜商量对策。田令孜对陈敬瑄说，王建是我的义子，因为杨兴元（杨守亮）容不下他，才做了贼寇，只要我写信相召，他就会到咱们手下效力。陈、田两人商定，让王建去成都。

光启三年十一月，王建收到田令孜的书信后，把家眷委托给顾彦朗照顾，自己率精兵2 000人，与侄子王宗岁，养子王宗瑶、王宗弼（许州人）、王宗侃（许州人）、王宗弁一道赶赴成都。

王建一行到达鹿头关时，陈敬瑄改变了主意，派人阻止王建西进。王建恼羞成怒，令将士攻破鹿头关向西进发，随后又相继攻克汉州、学射山、德阳等地，很快到了成都城下。陈敬瑄派出使者斥责王建。王建对使者说："十军观容使、义父田令孜召我，到了门前被拒之门外，如果现在退回去，会让顾彦朗怀疑，这使我进退都没有归宿之地。"田令孜见事态严重，只好亲自登上大玄楼安慰劝说王建。顾彦朗得知此事后，委任自己的弟弟顾彦晖为汉州刺史，让他带兵增援王建，共同攻打成都。他们连续攻打了三天未能攻克，只好撤回汉州。陈敬瑄将此事呈报朝廷，僖宗派宦官从中调和，又让同平章事李茂贞写信劝解，王建都没听从。

唐大顺二年（891）四月，王建准备攻打成都城。此时，城内的兵权实际上已由田令孜掌握。田令孜深知凶多吉少，于是就以西川节度使之职换取王建停止攻城。田令孜亲自携带西川官印符节到达王建的军营交给王建，军中将士皆呼万岁。王建流着泪感谢田令孜，请求恢复他们当初的父子关系。

同年十月，朝廷任命王建由永平节度使改为西川节度使，王建由此得到了西川。

三

王建得到西川，又欲霸东川，扩张的野心显而易见，这使周围的宿敌更加惊恐不安。很快，节度使与节度使之间就相互联合起来，攻打王建。

唐昭宗景福元年（892）元月，威戎节度使杨晟与兴元节度使杨守亮等合攻王建。十一月，王建派华洪部在阆州将杨守亮部打败，杨守亮元气大伤，由此一蹶不振。

唐昭宗乾宁元年（894）五月，王建部再一次组织攻打彭城。杨晟仍率领人马竭力奋战，刀子都虞候王茂权将杨晟斩杀。彻底打垮杨守亮部、全歼杨晟部后，王建又将攻打的矛头指向东川的顾彦晖。王、顾之间的战争持续了三年之久，共打了50余仗。

唐昭宗乾宁四年六月，梓州城中的顾彦晖自知大势已去，他召集亲信和养子共同饮酒，开怀畅饮之后，顾彦晖令养子顾瑶先杀死所有在场饮酒的人，然后再自杀。

王建得到东、西两川后，朝廷又委以重用。唐昭宗光化三年（900）二月，昭宗诏命王建为西川节度使兼中书令，又兼东川、武信两道都指挥制置等使，管辖整个三川之地。

唐昭宗天复三年（903），朝廷给西川节度使西平王王建加官署司徒，晋爵蜀王。后梁太祖开平元年（907）三月，唐哀帝李柷颁诏让位给梁王朱全忠，朱全忠即皇帝位。二十二日，改年号为开平，国号大梁（史称后梁）。

蜀王王建与弘农王杨渥移送檄文给诸道，准备与岐王李茂贞、晋王李克用合兵兴复唐室，结果没有响应者。王建就想到自己也称帝。

九月，王建让各州、县谎报当地出现龙、凤、朱雀等吉祥物，然后率领官吏、百姓痛哭三天。二十五日，王建即皇帝位，国号大蜀（史称前蜀）。后梁末帝贞明四年（918）六月初一，王建逝世，终年72岁。

• 明代礼部尚书贾咏 •

贾咏（1464—1547），字鸣和，号南坞主人，临颍县人。他年少时，聪明好学，成绩出众；入仕后政绩显著，屡次升迁，官至光禄大夫、柱国、少保，兼太子太保、礼部尚书、武英殿大学士。

贾咏12岁从师读书，一年多通晓《论语》；14岁，提学使称他为奇才，选入邑学为弟子员；15岁，以全县第一名的成绩考取秀才，被誉为颍川神童；23岁，许州试选获第一，文章被奉为范文。弘治二

贾咏

年（1489），贾咏参加乡试，名列河南第一。弘治九年，贾咏中进士。弘治十一年，钦授贾咏为翰林院编修。弘治十二年与弘治十八年，贾咏两任会试同考官。正德元年（1506）十月，贾咏任经筵讲官。时逢宦官刘瑾乱政，贾咏人微言轻，对此敢怒不敢言，常为正直大臣们无端遭受迫害而痛惜。有一次，贾咏向圣上述职，借机婉转地为受害者鸣不平。不料此事被刘瑾的同党获悉，贾咏很快就遭到了报复。正德四年，刘瑾同党以《大明会典》编纂有误为由，夺贾咏俸禄二级，将其降为兵部武选主事。贾咏到了武举司，很快就向朝廷提出了重视人才、大力培养人才的建议。武宗皇帝对此大加赞赏。刘瑾同党得知此事，想以高官厚禄拉拢贾咏结为同伙，被贾咏拒绝。贾咏因此又一次被降职。

正德五年，刘瑾案发，被处以凌迟，贾咏得以官复原职。正德六年五月，贾咏升任左春坊左中允兼翰林院修撰，掌管詹事府。正德七年七月，贾咏升任南京翰林院侍讲学士，掌南京翰林院事。正德八年八月，贾咏任应天乡试主考官，受到皇帝褒奖。正德九年，贾咏与吏部尚书杨一清同任武举主考官。正德十一年，贾咏升任南京国子监祭酒。在对国子监的管理上，贾咏依照监规，严立章程，要求太学生好学上进，为忠与孝，洁身自爱，勿染陋习。他关心学子，生徒有病，常常派医送药。当他得知南京国子监博士等官与北京国子监博士等官的待遇有差别时，就上书朝廷，其建议被武宗皇帝采纳。正德十三年，贾咏转任北京国子监祭酒。临行时，南京国子监的太学生们不愿让贾咏离去，哭着堵住了去路，一个接一个地述说他的功业，并在太学门下树立起功德碑。

正德十六年四月，武宗皇帝暴死后，世宗皇帝继位。五月，提拔贾咏任礼部左侍郎，兼翰林学士，掌管詹事府。贾咏以年事已高、力不从心为由，请求致仕，世宗皇帝不仅没有准许他致仕，反而愈加重用。嘉靖元年（1522）三月，世宗皇帝办“承天题主”之事，由贾咏题神主。嘉靖二年三月会试，贾咏任同考官。嘉靖三年八月，贾咏改任吏部左侍郎，不久，又升任礼部尚书、文渊阁大学士、内阁预机务，兼掌制诰与国史馆副总裁。其间，贾咏尽力辅佐皇上，对于不利朝政的人和事，常常上书抵制。豹房是皇室豢养野兽以供玩乐的地方，武宗皇帝暴死于外豹房后，此地已经分给了农户耕种，御马监阎宏等人想将外豹房强行收回，建一个狩猎场，在准备发布文告时，贾咏得知此事，于是上书说：“先帝以豹房故，贻害无穷，宏等欲修文以开游猎之端，非臣等所敢闻。”“佃户经营已久，一旦强行夺取，恐有不测！”世宗皇帝看了奏折，采纳了贾咏的建议。定国公徐达已故多年，先朝皇帝曾赏赐给他一处位于蓟州的庄园，后来更换为土地。然而他的后代定国公徐光祚却请求皇上归还原来的庄园，并且得到了皇上的准许。为此，贾咏等人上书说这样做不合理法，后患无穷。在贾咏等人的据理力争之下，世宗皇帝只好收回了成命。

贾咏入内阁后，阁臣中已形成了议礼派和护礼派两大派系。贾咏为了使自己不陷于派系之争中，曾以自身年迈、家事频发为由，再次提出致仕。世宗皇帝下旨曰：“卿昔佐铨曹，素履端谨，擢居内阁，委任方隆。岂可偶因人言遽自疑沮，宜即出供职，以副朕意。所辞不允。”嘉靖四年六月，贾咏参与编纂的《武宗实录》成书，世宗皇帝加封贾咏太子太保兼武英殿大学士。同年七月，钦命贾咏任《穆宗献皇帝实录》总裁。嘉靖五年七月，《穆宗献皇帝实录》成书。贾咏又被封为少保兼太子太保、光禄大夫、柱国，尚书大学士如故。贾咏与伦文叙等修竣《御制文书传三典》后，世宗皇帝上封贾咏三代。至此，贾咏的官位、声望已达到他的人生巅峰。后来，贾咏因马禄案一而再再而三地上疏致仕。

嘉靖六年八月，贾咏致仕，回到故里临颍，在县城东南建一宅院，名曰“南坞”。嘉靖十四年五月，贾咏主持编修《贾氏家谱》，两年后告竣，由门生严嵩（时任光禄大夫、柱国、少师，兼太子太师、吏部尚书、谨身殿大学士）撰写《贾氏家谱序》。嘉靖二十一年年末，贾咏诗集《南坞集》告竣。嘉靖二十二年十一月，贾咏八十大寿，世宗皇帝遣官存问，赐羊酒。嘉靖二十六年八月，贾咏病逝，享年84岁。世宗皇帝听到消息，停止视朝一天，派官谕祭九坛。谕赠（贾咏）太保，谥文靖。

·台北知府陈星聚·

陈星聚（1817—1885），字耀堂，临颍县台陈乡人。清代同治、光绪年间，曾任福建省顺昌、建安、闽县、仙游、古田知县，台湾淡水同知，台北知府。

一

清道光二十九年（1849），陈星聚中举人。清同治三年（1864），陈星聚因督率乡团抗击捻军有功，被朝廷任命为顺昌知县。当时，福建省的郡邑政权多被太平军摧毁，社会动荡，群盗蜂起，民不聊生。陈星聚到任后，采取了有效的治理措施，稳定了社会治安。左宗棠对他十分赏识，报请军机处留名升用。

清同治六年十一月，陈星聚调任建安知县。建安县当地人与外来人（客家人）之间的矛盾由来已久，经常发生械斗。陈星聚便耐心疏导，让双方和睦相处。他还在该县捐献养廉银，增建仕子应试考场，创办书院、义塾等。

清同治七年十月，陈星聚调任闽县知县。他到达闽县后，首先清理词讼，对长期积压的案件逐一进行查处，使恶者得以严惩，冤者得以释放，百姓无不称颂。督抚沈葆桢、王文惠联名上疏，赞扬陈星聚是“纯儒循吏”。翌年元月，闽县准备在穿石乡重建炮台，英国驻华领事要求由英方援建，遭到中方拒绝后，仍无理取闹。陈星聚与之据理力争，因而得罪了“洋

陈星聚

台北知府陈星聚

台北知府陈星聚——抗法保台北

台北知府陈星聚——修建台北城

人”，被调离闽县。

清同治八年十月，陈星聚任仙游知县。该县一些百姓好斗成性，平时彼此之间互不相让，遇事往往争执不下，轻则相互谩骂，重则棍棒相加，然后争相告状，不少人因此伤身破财，贻误农时，官府屡禁不止。陈星聚到任后，亲赴乡镇委婉劝导百姓和衷共济，并编写出了《八戒十劝歌》在百姓中广为传诵。数月之后，乡俗大变。陈星聚又借此动员官员、乡绅为陕甘军务捐饷，筹得的饷额位居全省第一。陈星聚也因此获得了御赐花翎。

清同治十年十月，陈星聚又被调任古田知县。古田县大东乡地处僻远，一些乡民蛮横不讲礼法，抗税习以为常。陈星聚到任后，首先从消除民怨做起，抑强扶弱，断结词讼，对一些依仗权势、为非作歹的人进行打击，为受欺压的良民百姓伸张正义。当年，清廷考评地方官员，陈星聚获得“洁己爱民，实心任事，会荐卓异”的评语。后人在《古田县志》中为陈星聚立传，记述了他的业绩。

二

清同治十一年，闽浙总督、福建巡抚以“守洁才优，实心任事，在闽多年，熟悉海疆”为由，推荐陈星聚任台湾府淡水厅同知。清同治十二年八月，陈星聚到任。淡水厅是清廷为加强海防管理而设立的机构。该厅辖横亘700里，濒临海域，淡水河在此入海，溪流交错，山险林深，是古代投放罪人的地方，盗贼出没无常。前任同知因治理不力，被弹劾罢官，盗贼更为猖獗。为了彻底铲除贼患，陈星聚首先派人去摆接、海山、桃仔园一带，增筑营垒，严加防守，然后动员当地乡民配合官兵围剿山贼。前后仅仅数月，境内盗贼为之一清。淡水地区有着多种教派，其中洋教与道教势力较强，一些教徒恃势横行，为所欲为，成为当地一大公害。陈星聚在此将一位致死人命、奸淫妇女的道长正法，同时驱逐了一位骗取婴儿的英国牧师，由此一些不法教徒的狂妄行径大为收敛，百姓得以安宁。

清光绪三年（1877），河南大旱，又遭严重的蝗灾，麦秋无收。临颍县受灾尤为严重，道殣相望，饿殍遍野，路断人稀。清廷号召全国捐粮救济河南灾民。陈星聚得知家乡受灾，捐谷千石，又赈本乡数百石，将粮食从台湾运回临颍。

清光绪四年九月，陈星聚由中路同知升任台北知府。当时，台北居民无几，仅有三处官衙、一两座寺庙、一些商号零落地分布于田野，稻田、沼泽、池塘与坟墓横亘其间，四处一片荒凉。为了加快台北的建设速度，陈星聚以知府名义发布《台北城建屋告示》，要求每座民房地基，先交地基销银15圆，每年仍交地租2圆。各向田主交银立字，赴局报明勘给地基，经批准后，立即起盖。同时，开始筹建台北府城。为此，陈星聚积极筹措费用，一方面向上争取支拨，一方面动员士绅捐款，短时间筹得经费20多万圆。

清光绪十年五月，台北府城竣工。该城“碧瓦连云，朱檐栉比”，略呈长方形，城垣多以坚石堆砌而成，十分坚固。城外环以濠池，是当时全国最具现代风貌的海防府城。同年八月，法国军队攻占台湾基隆，紧接着又向沪尾进攻。沪尾是台北的门户，一旦失守，新建的台北府城就成为法军进攻的重点。陈星聚心急如焚，十分担心台北府城遭受兵燹之灾，指使人募兵1 500人，自备军械，屡次请求收复基隆，确保台北的安全。不久，法军兵临台北城下。危急关头，陈星聚召集妻子、儿女围坐在府衙内的水井旁，然后斩钉截铁地对家人说：“万一台北失守，我将自刎殉节，你们投井殉国。”说完，他挂上宝剑，跨上战马，前往阵前督战。关键时刻，年近七旬的陈星聚充分表现出了大义凛然的民族气节和誓与台北共存亡的英雄气概。

光绪十一年二月，左宗棠派杨载福等部增援台湾，迫使法军退回基隆。同年三月，法军宣布停战，台北保卫战结束。然而，清廷却在中国军队取得镇南关大捷之后，与法国议和，签订了丧权辱国的《中法和约》。陈星聚忧愤不已，身心交瘁，背部毒痈复发，一病不起。同年六月，陈星聚与世长辞。

• 化学家梁晓天 •

梁晓天（1923—2009），舞阳县人，中共党员，有机化学家、药物化学家，中国科学院学部委员，美国纽约科学院院士。

■ 一

梁晓天出生于舞阳县侯集乡汤庄村，自幼聪明好学，4岁学算术和写字，6岁入小学，1935年考入舞阳县立中学。1937年抗

梁晓天

日战争爆发后，他转到商丘中学，毕业后考入汉中西北联大师大附中高中部。1942年考入了重庆中央大学化学工程系，1946年毕业后曾在家乡开元中学任教。1948年2月赴美国华盛顿大学研究生院学习化学。1952年获博士学位，此后在哈佛大学化学系任博士后研究员。

1953年，朝鲜战争刚一结束，他立即辞去哈佛大学的职务，要求回国。由于美国移民局不受理，他就给美国《基督教科学箴言报》写署名信，揭露美国政府阻挠中国留学生归国的无理行径。他还起草了《致美国总统艾森豪威尔的公开信》，与几十名中国留学生联名指责美国政府违背国际惯例的做法。经过他们的斗争和中美两国舆论的支持，再加上中国政府在日内瓦会议上谈判达成协议，即中国同意释放在抗美援朝战争中俘虏的美国飞行员，美国则宣布了在美国的中国科学技术人员第一批归国人员名单，其中就有梁晓天。

二

1954年9月，梁晓天回国。1955年1月，梁晓天任中央卫生研究院药物学系（1958年8月改称中国医学科学院药物研究所）副研究员，后任研究员。梁晓天一生致力于药物化学和有机化学方面的研究。经过多年努力，他引进核磁共振新技术，简化ABC和AA′BB′系统的计算方法，使中国在这一领域的研究达到国际先进水平。1964年，他编译出版了中国第一部核磁共振谱的中文著述《核磁共振光谱解析简论》。1976年，他将自己在核磁共振氢谱方面的研究成果进行了总结，编著了《核磁共振高分辨氢谱的解释和应用》。他为推广和应用该技术做出了很多努力，曾获1978年全国科学大会著作奖。

梁晓天在其研究工作中，善于应用谱学技术测定天然有机化合物分子结构，成就卓著。他发表研究论文达140余篇，除了核磁共振氢谱的著作外，与他人合著（译）了《仪器分析及其在生理科学中的应用》等7

梁晓天回国

部书。其中，获全国科学大会奖的有4项，获部级以上奖励的有10多项。1961年，他领导研究了治疗小儿麻痹后遗症和面部神经麻痹的天然药物有效成分——一叶萩碱，很快就搞清其化学结构，令国内外专家瞩目。梁晓天和他的团队还研制出了防治慢性气管炎药物——杜鹃类药物。创新霉素是我国自己发现的抗生素，临床用于治疗大肠杆菌和痢疾杆菌等引起的感染。它的化学结构由梁晓天等于1975年进行了测定。该项研究也获得了1978年全国科学大会奖。梁晓天指导的鹤草酚及鹤草芽制剂获1987年国家发明三等奖。鹤草酚是仙鹤草的有效成分，驱绦虫效果很好。此外，梁晓天率领他的团队还破解了急性胆道感染的新药亮菌甲素、新型抗疟药青蒿素等药用成分的化学结构。

三

梁晓天在科研领域的重大成就使他获得了多项国家科技大奖和崇高的荣誉称号：全国科学大会奖、国家科学技术进步奖、国家技术发明奖、医学科学奖、何梁何利基金科学与技术进步奖，中国科学院院士、学部主席团成员，美国纽约科学院院士。他还担任过中国化学会理事长。这些奖励、荣誉和职务可能是好多科技工作者梦寐以求的，但梁晓天对此看得很淡，甚而觉得受之有愧。

中国医学科学发展了几千年，到1994年举行首届中国医学科学奖评奖时，得到这个千古第一奖的只有梁晓天一个人。10万元奖金一发到手，他马上找到领导，要求全部捐出来，用来奖励年轻的科技人员。可领导怎么也不同意，争过来争过去，最后领导只同意他捐出5万元成立了“梁晓天优秀青年科技奖”。

2009年9月29日，一代科学大师梁晓天逝世。胡锦涛主席、温家宝总理等党和国家领导人表示亲切哀悼。一副挽联概括了梁晓天的光辉人生：终生饱学重修仁德忠厚传千秋；一身正气淡泊名利信义留后人。

• 历史学家韩儒林 •

韩儒林

韩儒林（1903—1983），字鸿庵，舞阳县人，中共党员，我国著名的历史学家、蒙古学家，中国科学院哲学社会科学部委员。

一

韩儒林出生于舞阳县马村乡黄林村，幼年就读于县城小学。1919年，考入河南留学欧美预备学校法文班。1923年，转入上海中法通惠工商学校，因参加学生运动，被校方驱逐。同年秋，考入北京大学哲学系预科，得到河南省公费资助。1925年秋，入本科。1927年，受军阀混战影响，公费断绝，被迫休学谋生，先后在河南省立第二中学、中州大学、河南省立第一中学等校任教。1929年，返回北京大学复学，次年毕业，受聘于北京师范大学任助教。1931年，韩儒林译出法国史学家色诺博斯的名著《西洋文明史》。不久，该译著获得比利时留学奖学金。1933年，韩儒林赴欧洲深造。先是在比利时鲁汶大学学习，接着转至法国巴黎大学，最后又到德国柏林大学攻读东方文字学。三年中，韩儒林修读了欧洲史、蒙古史、拉丁文、波斯文及中亚古文字等课程。

二

1936年，韩儒林回国，应聘到燕京大学任教。在校期间，积极参加爱国学术团体“禹贡学会”的活动，在《禹贡》半月刊上发表多篇有关突厥碑文的译注和介绍文章，受到学术界的赞赏。北平沦陷后，韩儒林于1938年携家眷离开北平，绕道越南，到了昆明，任北平研究院（昆明）史学研究所副研究员。1940年，任成都华西大学历史系教授。1943年，担任边疆语文编译委员会（重庆）副主任。翌年，受聘为中央大学历史系教授。抗战胜利后，韩儒林随中央大学迁至南京，任历史系教授兼边疆政治系主任。1946年，韩儒林兼任中央研究院历史语言研究所研究员。1948年，韩儒林受聘为台湾大学教授，赴台仅月余，即返回大陆。南京解放后，韩儒林被任命为南京大学法学院院长，法学院撤销后，遂任历史系主任。1956年，韩儒林创办了南京大学元史研究室，培养出一支元史研究队伍。1962年，韩儒林先后访问蒙古、苏联，参与三国合编《蒙古史》工作。1965—1966年，韩儒林任内蒙古大学副校长，为该校蒙古史研究中心的发展做出了贡献。1977年，创办《元史及北方民族史研究集刊》。1979—1980年，韩儒林与翁独健等一起倡议建立了中国蒙古史、元史和中亚文化研究会，任中国蒙古史学会副理事长、中国中亚文化研究协会名誉理事、中国元史研究会会长，负责完成了《中国历史地图集》北方地区历代图幅的编绘，主编了高等学校文科教材《中国通史参考资料》（元史分册）。由他主编的两卷本《元朝史》，被誉为蒙元史研究的重要里程碑，获国家优秀图书奖。

他还担任《中国大百科全书·历史卷》编辑委员会副主任，主编元代史分册。他被选为联合国教科文组织《中亚文明史》编委会副主任，在巴黎举行的《中亚文明史》编委会上，他凭着渊博的知识，据理力争，挫败了一些国家蓄意抹杀和贬低中国在中亚史上重要地位的企图，维护了中华民族的尊严。

三

韩儒林将毕生精力献给了中国历史科学和教育事业，尤其在蒙元史和边疆史的研究领域有重大建树。他著述颇多，素以治学严谨著称。他的主要著述多收入《穹庐集》，此外尚有《成吉思汗传》《元史讲座》等著作。

1983年4月7日，韩儒林在南京逝世。

• 生物学家方心芳 •

方心芳（1907—1992），临颍县人，中国微生物学家，中国科学院学部委员。

一

方心芳1907年出生于临颍县石桥乡方

庄村一个知识分子家庭。1913年入本村国民小学，后转入临颍县第一高等小学。1922年，到卫辉府法文学校学习，毕业后，随即入上海中法工业专科学校附中补习一年。1927年10月，考入上海劳动大学农学院农艺化学系，1931年毕业后，被推荐到天津塘沽的黄海化学工业研究社（简称“黄海”）发酵与菌学研究室任助理研究员。

1935年，他在著名实业家范旭东和化学家孙颖川等的关怀和支持下取得“庚款”资助，到比利时鲁汶大学酿造专修科学习，获酿造师称号。1936年，在荷兰菌种保藏中心和法国巴黎大学研究根霉和酵母菌分类学。1937年，在丹麦哥本哈根卡斯堡研究所研究酵母菌的生理学。游学两年，走访四国，在此期间，他发表了从国内带去的菌种的研究结果，发现了一些根霉和酵母菌新种。

抗日战争爆发后，方心芳立即中断了在国外的访问研究，匆匆赶回祖国，参加全民抗日救亡斗争。1938年1月，他奉范旭东之命到了重庆，一面为“黄海”内迁做准备，一面开展用甘蔗糖蜜生产酒精作为汽车能源的研究。1938年8月，“黄海”内迁至四川五通桥市，方心芳即举家到此居住。1940年，他受乐山中央技艺专科学校聘请，兼任农产制造科教授。1946年，兼任科主任。1947年，方心芳得到教育部颁发的教授证书。

方心芳

二

新中国成立后，方心芳于1949年底迁家到北京，在北京芳家园的“黄海”任研究员兼副社长，并负责该社的发酵研究室。1951年，方心芳在轻工业部召开的酒精生产会议上，根据自己过去的成功试验，重新提出了改造大曲的主张，得到了政府主管部门的支持。1952年，方心芳带领一批科技人员在北京酿酒厂开展工作，将用大曲酿制二锅头酒的传统生产方法改为用麸皮曲生产。这项工作对后来在全国普遍推广的“烟台酿酒操作法”的形成有重要影响。同年，方心芳任中国科学院菌种保藏委员会研究员、秘书，他曾就设立全国性菌种保藏机构提出了建议并得到了采纳。1953年初，菌种保藏委员会成为具有实体的科研机构，在方心芳的具体领导下积极开展菌种收集、保藏和研究工作。1955年，他曾率领微生物学代表团访问日本，为两国微生物学家之间建立友好联系做了大量工作。1957年，中国科学院北京微生物研究室成立，方心芳任研究员、副主任。1959年，中国科学院微生物研究所成立，方心芳被任命为副所长兼工业微生物学研究室主任。

1960年，方心芳在化学家黄鸣龙的启示下，领导开展了微生物转化甾体化合物的工作，为甾体转化工业的建立奠定了基础。他领导开展的氨基酸发酵研究，为我国的氨基酸发酵工业的建立和发展迈出了决定性的一步。他曾到酒乡茅台实地调查，并派人常驻酒厂进行大曲和酒醅中微生物的分离，同时组织力量在北京的实验室中开展鉴定工作。1964年，方心芳听说有的国家认为中国没有能力生产调味核苷酸，他就在中国科学院微生物研究所组织了一个班子，利用微生物所保藏的雄厚菌株，在一年多的时间内就筛选出了优良菌株，并建立了一整套发酵和提取工艺。

1969年，尽管“文化大革命”严重地干扰着科学研究，方心芳考虑到今后石油发酵的发展趋势，不顾当时的种种困难，组织了烷烃代谢研究组。通过收集、鉴定发酵烷烃的微生物菌种，选出了优良菌株，并采用诱变育种技术，创立了烷烃发酵生产长链二元酸的新工艺，为合成麝香、香料、热焙黏合剂和工程塑料提供了重要原料。他主持的科学研究成果先后获得全国科学大会奖、国家发明三等奖、中国科学院重大科技成果奖。

1979年，方心芳被任命为中国微生物菌种保藏管理委员会主任委员，经过多年努力，中国科学院微生物研究所的菌种保藏库已用当时最先进的手段保藏着近万株菌种，每年向国内外提供菌种数万株，对微生物生产领域和微生物学的科研、教学起到了重要作用。同年，他被选为中国微生物学会副理事长。他在对中国传统发酵食品进行实验研究的过程中，对应用微生物的历史也做了深入的钻研，发表过《曲蘖酿酒的起源和发展》等一系列论文，为总结和发扬我国应用微生物学的卓越技术做出了贡献。后来，他还曾应约与国外学者一起发表了著作《中国发酵食品史》。1980年，方心芳当选为中国科学院学部委员。

三

方心芳在60多年的科学研究生涯中，自觉地克服一切困难，为国家、为人民解决实际问题。在选定科研课题时，始终把国家和人民的需要作为他的主要出发点。他在解决某些重大的课题中做出过自己的贡献，对关系到千家万户日常生活的小问题，也同样兢兢业业地去研究。总结自己从事工业微生物学研究50年的经验的时候，他的结论是：人民的需要就是方向，国家需要工业微生物学为发展农副产品加工工业服务。人民的需要就是催他出征的战鼓。在他上百篇的著作中，我们可以看到他那种锲而不舍的钻研精神和百折不挠的毅力。正如我国民族化学工业的拓荒者范旭东所说：“方心芳先生心目中的微生物，绝不比一条牛小，他是一个忠实的牧童。”他为了国家的需要，为认识、应用、驾驭和改造微生物付出了毕生的心血。20世纪80年代后，方心芳不顾年事已高，仍然孜孜不倦地为我国的工业微生物学培养人才，规划未来的学科发展，对我国的酿造工业提出过不少重要建议，指导了不少工厂的新产品开发和生产。在他临终前几小时，他还在和临颍酒厂负责人研究产品质量改进，真可谓“鞠躬尽瘁，死而后已”。1992年3月24日，方心芳在北京逝世。

越调大师申凤梅

申凤梅（1928—1995），女，艺名大梅，临颍县人，中共党员，越调表演艺术家，国家一级演员。

一

申凤梅出生于临颍县窝城乡涂庄村。她自幼家境贫寒，11岁入临颍县张潘镇越调科班学戏，14岁登台演出，1947年参加中国人民解放军第二纵队胜利剧团，1949年该团转为漯河市人民越调剧团。1951年随团到项城，剧团改为项城县越调剧团，后调入开封专区、商丘专区、周口地区越调剧团。

1978年任周口地区越调剧团团长。1979年被评为“全国三八红旗手”，同年被推选为中国戏剧家协会理事。1980年被选为河南省戏剧家协会副主席。1983年任河南省越调剧团名誉团长。1988年11月任剧团党支部书记，同年12月被评为国家一级演员。1992年当选为河南省戏剧家协会主席。

二

申凤梅是一位成绩卓著的越调表演艺术家。她先后在传统戏、新编历史剧及现代戏等近200个剧目中扮演过生、旦、净、丑等各种行当的角色，塑造了众多性格迥异的艺术形象。她在传统戏《过街楼》中饰演李天保，在《擂鼓战金山》中饰演巾帼英雄梁红玉，在新编历史剧《明镜记》

申凤梅剧照

央视网

越调《智收姜维》选段

中饰演创业皇帝李世民，在现代戏《苦菜花》中塑造了一位革命老妈妈的形象。人民艺术家老舍先生为她题词，称赞她是“越调能手”，演戏“生旦不挡，悲喜咸宜”。尤其是她在《诸葛亮吊孝》《智收姜维》等剧目中塑造的诸葛亮这一艺术形象深受广大观众好评。在许多观众心目中，申凤梅就是诸葛亮，诸葛亮就是申凤梅。敬爱的周恩来总理看过她演的《智收姜维》后，夸赞她是“活诸葛”，还风趣地说：“河南的诸葛亮会做政治思想工作。”

申凤梅艺术造诣高深。1963—1995年，她曾先后6次带团进京演出，受到党和国家领导人、文艺界专家及广大观众的高度赞誉。毛泽东、刘少奇、周恩来、董必武、李先念、邓小平、江泽民、杨尚昆、彭真等多次观看她的演出，并亲切接见、合影留念。《人民日报》《光明日报》《北京晚报》《戏剧报》《中国文化报》《河南日报》《文汇报》《天津晚报》等20多家报刊发表评论她的文章约400篇。

三

著名京剧表演艺术家马连良先生收她为徒，使她在艺术上受益匪浅。她一生为了越调事业的繁荣和发展，呕心沥血，执着追求，无私奉献。1963年，中央新闻电影制片厂为她拍摄了纪录片《申凤梅的艺术生涯》。1965年，她主演的现代戏《扒瓜园》，由北京电影制片厂和珠江电影制片厂拍摄成了彩色艺术片。她的代表作《李天保娶亲》《诸葛亮吊孝》《智收姜维》，1979—1981年先后由北京电影制片厂和珠江电影制片厂拍摄成了彩色艺术片。1994年，由河南省文化厅、河南省音像工作室、河南省越调剧团联合拍摄了她主演的越调电视系列艺术片《诸葛亮》。1996年申凤梅获河南省“十大艺术优秀成果奖”。1992年申凤梅应邀赴上海演出《诸葛亮吊孝》《吵闹亲家》，荣获上海第四届“白玉兰”奖。1995年，新编历史剧《七擒孟获》参加第二届中国戏曲“金三角”交流演出，申凤梅荣获表演“特别奖”，该剧同年还获得河南省“五个一工程”奖和河南省“十大文化艺术优秀成果”奖。在《诸葛亮出山》《舌战群儒》《斩关羽》《诸葛亮吊孝》《七擒孟获》《智收姜维》这6部戏中，从小生到老生，申凤梅塑造了不同时期的6个诸葛亮，且6个艺术形象各不相同，用申凤梅自己的话说这叫“不变中有变，变中有不变”。一生的舞台实践证明，申凤梅是一位戏路宽广、功夫全面的演员。1995年7月20日，申凤梅因病逝世。

寻根问祖

——溯姓氏之源　寻华夏之根

自从盘古开天地，三皇五帝到如今，我们的祖先在漫长的岁月里创造了中华民族的文化、文明和传统的美德，为我国文明的起源、社会的演进、民族的融合和历代政治、经济、文化与社会的发展起着积极的推动作用。历史证明，家庭是社会的细胞，宗族是中华民族流传最久的血缘群体，同一族源的人，寻根问祖，是一种自觉的追求。敬爱祖宗是中华民族的传统美德，追溯和认识本族的过去，是我们的共同愿望。改革开放以来，海内外华人掀起了寻根问祖的热潮，他们千里迢迢来到河南祭拜祖先。漯河地处中原腹地，也不断迎来海内外寻根问祖的客家人。

据不完全统计，漯河市常见的姓氏约500个。其中张姓是漯河的第一大姓，共有260 059人，约占全市人口的10%；王姓246 239人，约占全市人口的9.5%；李姓246 006人，约占全市人口的9.5%；三大姓约占全市人口的29%。依人口数量排序，居于前十位的姓氏还有刘、赵、杨、陈、郭、宋和周。以上十大姓氏，共有1 343 406人，约占全市总人口的51.7%。

还有一些比较罕见的姓氏，他们人数虽少，但是在其集中的聚居之地，也是宗气相连，代代相传，不断繁衍发展。

族裔遍天下　其根在漯河

胡姓

胡姓一支出自妫姓，是以谥号为氏的。胡姓的姓源可以追溯到上古圣君虞舜的妫姓后裔胡公满。他是周武王的东床快婿，被封为陈侯，他所建的陈国就在今河南省淮阳县一带，他去世后谥号胡公。陈国被楚灭后，子孙便以其谥号为氏，称胡氏。胡姓和陈姓都是胡公满的后代，陈国之民逃奔到哪里，哪里就有胡姓和陈姓。

还有出自姬姓的胡姓，是以国为氏的，这就是源自郾城的胡姓。周朝初年，武王封了不少姬姓国，如虞（今山西平陆西北）、毕（今陕西咸阳东北）、蔡（今河南上蔡）、岑（今陕西韩城）、郜（今山东成武东南）、管（今河南郑州）、蒋（今河南固始）、鲁（今山东曲阜）、沈（今河南平舆）、应（今河南平顶山）、胡（今河南郾城西南）等。《史记·陈杞世家》曾说，周武王时，侯伯尚千余人。江、黄、胡、沈之属，不可胜数。胡国开国的君主是谁，史无记载。姬姓胡国在《左传》中有两处记载，一曰：鲁哀公六年（前489）冬天，哀公让胡姬（胡国之女，姬姓，景公妾）带着晏孺子去到赖地。把鬻女送到别处，杀死王申，拘捕江说，把王豹囚禁在句渎之丘。二曰：鲁哀公八年五月，有人在齐侯那里诬陷胡姬，说她是晏孺子的同党。六月，齐侯杀了胡姬。

姬姓胡国被郑所灭。据《路史》云：周平王二十六年（前745），郑武公想讨伐胡国，为迷惑胡君，先将自己的女儿许配给他。之后又问计于群臣说：“我想用兵，咱们攻伐哪个国家？”大夫关其思说：“胡国可以伐。”郑武公假装愤怒，把关其思拉出去斩首，并扬言说：“胡，兄弟之国，你说要攻伐它，这是为什么呢？”胡君听说之后很受感动，便真的把郑国当成了自己的兄弟之邦，不加任何防备。郑武公乘机突然出兵，一举消灭了胡国（郑国的国君郑桓公，是周宣王庶弟姬友，胡君也为姬姓，因此，郑武公说胡国为“兄弟之国”）。姬姓胡国被郑灭之后，胡国人民以国为氏，姓胡。郾城之古城就成了一支胡姓的发源地。

胡

还有一支归姓胡国，源于颛顼，开始也是在古城建国，比姬姓胡晚200多年。后来，楚国为抵制东方诸夷，又让归姓胡国之民迁徙到现在的安徽阜阳建国。

据《郾城县地名志》载，全县以胡命名的村庄就有城关镇胡庄，商桥镇胡湾，姬石镇胡桥，青年镇葛胡、胡老等十几处。随着时代的变迁，其后世子孙逐渐向四处延伸，经过数代繁衍致使胡姓遍及全国，与陈国胡、归姓胡杂居，已无法考察他们的区别。胡姓虽源自郾城，但郡望已遍全国。如安定郡、新蔡郡、定城郡、洛阳郡等，都有胡姓望族在那里繁衍发展。

其历史名人有周代的满文公，春秋时期解蒲邑之危的胡衍，秦汉之时的胡母敬，唐代诗人胡曾，宋代教育家胡安定、胡安国，明代文学家胡应麟，学者胡居仁，清代经学家胡林翼等。他们传承着民族的美德，创造着动人的业绩。诸如，安定堂、澹安堂、庐陵堂、绩溪堂等堂号，都是他们在创造文明的征途中留下的足迹。

关于胡国的故址，《春秋盟国图》载，胡国“城在豫州郾城”。再据《括地志》载，“故国城在豫州郾城县界”。《中国历史地名辞典》也说：“胡国，西周时国，姬姓，在今河南郾城县西南。”其具体地址，在河南郾城县城西南四里古城。其遗址地势较高，土城分内城和外城，现在还有痕迹。内城有胡姓居民，紧靠古城有胡庄，居民皆为胡姓。内城还出土有古剑及陶器等文物。

邓姓

邓姓一支出自㚬姓。早在炎黄二帝时，一个以邓（登）命名的远古部落就出现在今邓州一带。其首领邓伯温加入了中原地区的部落联盟，并跟随黄帝与蚩尤战于涿鹿之野。到了夏朝初年，夏王仲康就把其子分封到了邓地，其后世子孙就以国为氏，姓邓。

邓姓另一支出自子姓。武丁是个开拓性的君主，他占领了当时中国的大部分地区，在汉水、淮河之间分封了许多小国。其叔父（曼季）就被封于曼城，为曼侯，史称曼氏。曼氏后来又改封为邓国（在今河南南阳一带），立国于颍川与召陵之间。当时，邓襄（今召陵邓襄）是邓国的一个城邑，属邓国的领地。其间邓侯到鲁国进行过一次国事访问，大大提高了邓国在东周列国的政治地位。邓国经历了西周

邓

和春秋时代，延续了600多年。后来诸侯纷争，国力渐衰，邓侯为了国家的生存，先后将两个女儿嫁给了楚武王和郑庄公。到了邓祁侯时（前678），被楚文王灭掉。邓国子孙为纪念故国，便以国为氏，姓邓。

今漯河市召陵区邓襄镇，当时是邓国的一个城邑，也是邓侯的封地，称为邓邑，因此这里也是邓姓的发祥地。《邓襄台福岩寺碑记》云："郾治东三十五里许，春秋时邓侯受封于邓襄城，筑寨而居，名曰邓襄寨。"据传，在邓襄寨东北隅，有一天然湖泊，岸边垂柳成行，湖内云影波光，莲荷摇曳，其声如歌，史称"邓湖莲歌"。古人有诗赞曰："石乱云涤不记年，谁将精舍建台巅。邓侯歌舞无从问，池内香分茂叔莲。"

值得记述的有其代表人物邓晨（？—49），他是刘秀的姐夫，曾任中山太守等职，后被封为房子侯、西华侯，子孙五代世袭其爵，历时近百年，长盛不衰。东汉建武十八年（42），邓晨任汝南太守，曾派主管水利的官员，修复毁于成帝时的鸿隙坡水库（在今邓襄南）工程。开塘200公里，筑有上下水门，川水暴至，开上门受水；川平，闭门蓄水；遇旱，开下门灌田，兴利数千顷。可以说是一件大好事。

据考证，"鸿隙坡"是昔日邓邑之故地，在原郾城县东南部，今属西平县，不单那时地势低洼，直到今天依然是河南最大的蓄洪区之一，群众习惯地称其为"老王坡"。

漯河邓姓居住比较分散，人口最为集中的是临颍县巨陵镇邓庙村和袁邓庄村、临颍县皇帝庙乡的邓庄村、源汇区后谢乡的邓店村和郾城区龙城镇的邓庄村等。

在漫长的历史岁月里，邓氏族人虽然有过飞黄腾达之时，但也曾遭受到无数次的流徙与劫难。早期，以河南省境内为其繁衍的中心，后来东迁山东高密，南迁四川、广东等地。还有一部分由闽粤迁徙台湾，进而徙居海外。尊邓国侯曼季为邓氏族人的受姓鼻祖。

刘姓

刘姓，依人口数量排序，是我国第四大姓，约有6 500万人，占全国总人口的5%；在漯河十大姓氏中也排第四位。其姓源远古，先祖可追溯到黄帝。根据古籍记载，刘姓源流有两支。

第一支刘氏出自姬姓，是以邑为姓的。根据《名贤氏族言行类稿》记载，刘氏

刘

出自周朝。周匡王姬班，将小儿子王季封于刘邑（今河南偃师南），号称刘康公，他的后代就以刘为姓，称为刘氏。

第二支刘姓出自祁姓。尧在当天子前，先被封于唐，后封在陶，其后裔封于刘（今河南偃师南）。其子孙中有一个叫刘累的，一生下来就有神瑞兆示，手纹显示“刘累”二字，因此被取名刘累，并被推为本族首领。刘累年轻时，就离开家乡到豢龙族那里去学习驯龙、养龙的本领。也许是刘累聪明过人，也许是神的力量使然，他很快就学有所成，成为中原部落小有名气的驯龙能手，并被夏王召到宫中负责养龙。夏朝的第十四帝孔甲是个昏庸无道的君主，他不关心治国爱民，却沉醉于鬼神方术。孔甲在位的第三年（前1877），从黄河和汉水中得到四条神龙。孔甲想用这四条龙给自己驾车，就命刘累到颍水边（今临颍南颍河）为他养龙。最初，四条龙生活得很好，孔甲对他很满意，就颁布命令，正式任命刘累为王室驯龙官，又把颛顼之孙大彭氏居住的豕韦之地赐给刘累作为他的封邑。族人由刘邑迁到豕韦，荣耀至极。但事不凑巧，后来，刘累负责饲养的四条神龙，突然死了一只雌龙。刘累怕事发，就将龙肉做成一道菜，派人送给孔甲。孔甲不知实情，吃了以后还大加赞赏，并派人向刘累索要美味。刘累把剩下的三条龙也相继杀了。谁知孔甲竟吃上了瘾，三番五次地向刘累要肉吃。但龙是罕见之物，哪能随便就抓得到呢？剩下的三条龙吃完了，刘累怕遭灭族亡家之祸，就改名换姓，逃至鲁山隐居起来。后见孔甲不再追究此事，他又回归颍水边，和乡亲们一起耕田纺织，繁衍生息。他去世以后，后代人为了纪念他，把村名改为豢龙城，在村西街路北，还建有刘累庙，庙堂中塑刘累像，慈祥威严。庙中梁上彩绘巨龙，腾云驾雾，栩栩如生。庙门前两通石碑上，记载着刘累豢龙的事迹，其子孙就以刘累的姓氏为氏，姓刘。刘累是这支刘姓的始祖，颍川（今临颍）就成了刘姓的发祥地。

刘累的后裔有一支被周成王封于杜（今西安东南），杜国国君杜伯被周宣王所杀，其子逃到晋国，后为大夫，食邑于随（今山西介休东南）。战国时期，刘姓有人在魏国任大夫，其子刘清，又徙居于沛（今江苏沛县），清生仁，仁生伯、仲、邦、交四子。三子刘邦（汉高祖）建立西汉王朝后，分封同姓于各地，支脉繁衍至彭城（今江苏徐州）、临淮（今江苏盱眙）、丹阳（今江苏江宁）、广平（今河北鸡泽县）、江陵（今属湖北）及河南尉氏、南阳、濮阳等地。晋朝，中原刘姓入闽，唐代又迁往两广。从明末开始，闽、粤刘氏陆续有人移居台湾，后有不少人到海外谋生。

刘姓在历史上称帝称王者多达66人，是建立封建王朝最多的姓氏，先后建有西汉、东汉、蜀汉等政权，历时650多年。在此期间，东、西两汉有410年，是时间最长的封建王朝。由于掌握政权时间久，并享有某些特权，刘姓人口大大发展。汉代，人口5 000万，刘姓就占10多万。

刘姓繁衍发展，人丁兴旺，到了唐代和宋代，刘姓已遍布大江南北，郡望分布于全中国。

明初，山西刘姓兄弟两人在今源汇区大刘镇建村。兄在路旁以开饭店为业，始称大刘店，后改今名，为历届乡（镇）政府驻地。此后，刘姓移民又陆续在今漯河境内的许多地方定居。他们居住的村名言简意赅，颇有情趣。例如，以养鹅为业的叫“鹅刘”（后改为俄刘村，今属召陵区万金镇）；擅长赶马车的为“把势刘”；卖纺花车谋生的是“纺车刘”；盛产谷子的称“谷多刘”；植桐树多的名“桐刘”。与其他姓氏共同建村的有“孙刘”“西路刘”“拍子刘”“二甲刘”等。住在河堤下、大路旁、高岗、坡地的有“坡刘”“下堤刘”“西路刘”“东路刘”“拦河刘”。还有个叫刘立的人，常年在沙河渡客载货，人们直呼其住地为“刘立渡口（村）”。

上述这些地方早居的刘姓，在历史变迁中不断向周边地区徙居。召陵区万庄村的刘姓有一支即徙自今郾城区三周乡的桐刘村；还有一支系是1944年从杞县逃荒到此安家落户的。

近年来，因职务升迁、工作调动、人才招聘等原因，有许多刘姓人又从省内外各地来到漯河市及县、区工作或任职，为世人所瞩目。

• 圣土育俊彦　郡望传后世：漯河诸姓名人 •

郡，是封建社会的一种地方建制，始于秦代。秦始皇统一天下，废除大小采邑，以“郡县制”代替了周朝的“分封制”。所谓郡望，是指一个姓氏繁衍发展成为名门望族的地方。在封建社会，姓氏贵贱，人才选拔，甚至婚配嫁娶等，多以郡望而论，它是社会地位的象征。在古代，今漯河的召陵属汝南郡，舞阳、临颍属颍川郡。那时候，有一些姓氏，繁衍很快，发展也很迅速，特别是有的姓氏还出了一些名人，成为当地的名门望族。现简单地介绍几个郡望。

召陵许氏

召陵之许姓是炎帝苗裔百益之后。周武王封其苗裔文叔于许国（今许昌）。其始祖为文叔，春秋时，许灵公被迫南迁叶地，许国成为楚国的附庸。战国初期，被楚所灭，许国之民为不忘祖，便以国为氏，而许文叔也就成了许姓的得姓始祖。迁散他乡之后成为望族的有三支。

第一支，由许向北迁往冀州高阳北新城都乡乐善里（今河北高阳东）。秦末

许冲墓

有许猗，隐居不仕。曾孙许毗，汉侍中太常。生子许德，任安定、汝南太守。德生四子，许据、许政、许邈、许劲。许据任大司农，生子许允，任魏中领军、镇北将军。允孙许式生二子，许贩、许迈，贩任晋司徒掾。贩生四子，许茂、许徇、许嶷、许雅。徇生四子，许元之、许仲之、许季之、许珪。许珪，任宋给事，著作郎。珪生许勇慧，任齐太子家令，晋陵县（今江苏常州）侯。勇慧生二子，许懋、许胤，懋任梁天门（今湖南石门）太守。懋生许亨。胤次子许政，别居召陵（今郾城召陵）。这支许氏宗族先是由许迁向北方，因子孙出任做官，又自北迁往南方各地。

第二支，由许向东迁往昌邑（今山东济宁市金乡县西北），最早的名人是汉高祖功臣许盎，还有东汉许劭，从昌邑徙居平舆，是有名的月旦评者。他的从祖许敬为司徒，敬子许训为太尉，训子许相为司徒，并为三公。

第三支，由许直接迁往汝南，最有名的为东汉的经学家、文字学家许慎。他博览群书，“五经无双”，花费了半年心血，撰写了不朽著作《说文解字》。此书集

许

古今文经学和训诂之大成，为连接中华上下五千年的文明史，起到了桥梁和纽带的作用。

《后汉书·儒林传》曰：许慎，字叔重，汝南召陵人也。性淳笃，少博学经籍，马融常推敬之，时人为之语曰：“五经无双许叔重。”为郡功曹，举孝廉，再迁除洨长。卒于家。初，慎以《五经》传说臧否不同，于是撰为《五经异义》，又作《说文解字》十四篇，皆传于世。

许冲，许慎之子，召陵万岁里公乘，汉安帝建光元年（121）农历九月二十日上《说文解字》和《孝经孔氏古文说》，皇上赏赐葛布40匹。

定陵丁氏

丁姓出自姜姓，源于神农。炎帝神农是少典的儿子，因居住在姜水之滨，便以姜为氏。经夏商两代，到周朝时有姜姓吕尚，俗称姜太公。初年任周朝太师，因辅助武王灭商有功，被封于齐（今山东北部）。他的儿子在成王时为朝廷重臣，又是康王的顾命大臣，死后谥号为齐丁公伋，其子孙便以谥号为氏，姓丁。秦汉时，丁姓主要聚居在今山东、安徽、江苏、河南境内，且涌现出了许多名人。比如颍川郡定陵县的丁鸿，因他品德高尚，学问渊博，世代有功名，丁氏成了当地的名门望祖。

一世，丁綝，字幼春，颍川郡定陵人（今舞阳县北舞渡）。王莽末为颍阳县尉。世祖刘秀攻颍阳，城坚固不能攻克。丁綝说服县宰开城投降，世祖大喜，厚加赏劳，任丁綝为偏将军。丁綝率兵渡河，移檄郡国，攻城略地，下河南，攻陈留，占颍川，战功显赫。建武元年（25），拜河南太守，到了朝廷分封功臣时，光武皇帝让群臣挑选封地，大部分有功之士皆愿占丰邑美县，唯有丁綝愿封本乡，有人问他说：“诸将皆欲县，子独求乡，何也？”丁綝说：“昔孙叔敖敕其子，受封必求角之地。今綝能薄功微，得乡厚矣！”于是被封为定陵新安乡侯，食邑五千户，后徙封陵阳侯。

二世，丁鸿，字孝公，颍川定陵（今郾城西）人。其事迹见“名人扫描”部分《直谏司徒丁鸿》。

三世，丁湛，继承祖基为马亭乡侯。

四世，丁浮，继承乡侯。

五世，丁夏，继承乡侯。

丁

郾城唐氏

据载，汉故成阳令唐君颂曰：其先出自庆都，感赤龙生尧。王有天下，大号为唐。唐氏出自祁姓，帝尧初封唐侯，在唐州方城。鲁定公五年（前505），楚灭掉唐国，子孙便以国为氏，姓唐。徙居颍川，以至于珍。

唐

一世，唐蔚。

二世，唐惠，为武威长。

三世，唐贲，为侍御史。

四世，唐玹，历任京兆虎牙都尉、京兆尹。

唐衡，中常侍，汝阳侯。

唐珍，汝南太守，司隶校卫，太常，司空。

唐瑁，会稽郡太守（衡从兄）。

五世，唐翔，丹阳太守。

召陵陈氏

召陵陈氏是东汉时期的名门望族，是漯河的土著。大陈移民是另一支，属外地迁徙至漯的。

一世，陈珍，任东平侯相，司隶校卫。

二世，（缺）。

三世，陈翔，字子麟，汝南召陵人。陈翔从小聪慧，善交结，被汝南郡推举为孝廉，太尉周景举荐陈翔拜为侍御史。一日朝贺之时，陈翔见大将军梁冀威仪不整，即奏其恃贵不敬，请示收案治罪。被迁升为定襄太守，征拜议郎，又迁升扬州刺史。陈翔举奏豫章太守王永、吴郡太守徐参在职贪秽，并责成法律部门治罪，由此威名大震，又征拜议郎，御史中丞，后因受党锢之祸入牢，经核查无实，官复原职，卒于家。

陈

召陵缪氏

召陵缪氏，为秦缪（也作穆）公之后，以谥为氏。

缪肜，字豫公，汝南召陵人。从小丧父母，兄弟四人，和睦相处，财产共享，及至各娶妻房，遂求分门另居，且数有争斗之事。缪肜非常气愤，就关起门来，捶着胸脯自责道："缪肜啊，缪肜，你修身谨行，学圣人之法，欲齐整风俗，怎么就不能纠正自己的家风呢？"弟及弟媳见此情景，便叩头谢罪，和好如初。缪肜任县主簿时，县令犯事被查，衙吏皆怕牵连自己，不敢为其作证。而缪肜却无所畏惧，勇于作证。反复传唤五次入狱，因受酷刑而皮开肉绽，甚至体烂生蛆，被牵连四年。陇西太守梁湛召为决曹史，安帝初，梁湛病卒。缪彤到陇西送丧，刚刚开始埋葬，即逢西羌叛军蜂至。缪彤让湛妻避乱他乡，自独留守不去，以井旁边的一个洞窟为潜身之处。白天隐身，夜晚负土，为湛立起坟冢。湛妻归见此情，非常吃惊。缪彤的义举从此在陇西传扬。人们赠他车马衣物，他婉言谢绝，而归乡里。后辟公府，迁中牟令。因县近京师，多权贵富豪，缪彤上任后，铲除奸吏及贵戚一百余人，威名大震。后卒于官。

征羌范氏

汉时，在今漯河市东召陵东南一带有一个征羌县，属汝南郡管辖。有郡望范氏，代表人物是范滂。

范氏出自帝尧裔孙，周时为唐杜氏，周宣王灭杜，杜伯之子奚叔奔晋为士师，曾孙士会，食采于范地，子孙遂为范氏，到了后汉，博士范滂世居河内。

范

一世，范显，字叔矩，汝南征羌（今召陵区青年镇）人。母亲去世，埋葬之后，他不视粥食，办完母亲的丧事，他把家人徙于九江种田畜牧，用劳动所获，解债负土，成冢立祀。守孝期间，范显让二兄弟读书，自己独寝坟侧，哀叹不止。因他孝敬，拜为中司句章长，迁升龙舒侯相。

二世，范滂，字孟博，汝南征羌人。其事迹见“名人扫描”部分《刚正廉士范滂》。

• 漯河大槐树　见证移民史：外地迁入之姓 •

“问我祖先在何处，山西洪洞大槐树。”元朝末年，朝廷腐败，兵劫四起，尸骨遍野，赤地千里。明朝初年，朱元璋采取了移民政策，有许多移民从山西迁移到漯河的郾城、临颍和舞阳等地。他们离开家乡，向东播迁。因不忘故土，他们每到一处，都要栽植槐树作为纪念。漯河市沙澧河交汇处南岸的那棵近600年树龄的老槐树，就是洪洞县移民初到漯河时栽种的。这是许多山西移民的大槐树情结。不管他们在哪里安家，都是发扬勤劳朴实的奉献精神。经过几代乃至几十代人的不懈努力，在新的土地上，成家立业，将一些被战争、灾疫破坏的地方，建成了美丽的家园。据1988年《郾城县地名志》载，全县846个自然村中有490个是从山西洪洞县迁来的。五六百年来，洪洞移民的故事在全国各地乃至港、澳、台及海外久传不衰。从山西至河南、山东及边疆各地的转徙途中，有很多可歌可泣的感人事迹和催人奋进的豪迈乐章。这些迁徙史、创业史、奋斗史是中华民族创造文明的历史，读之，定能激发当代乃至后人热爱家乡、建设家乡的热情，为奔小康建家园做出应有的贡献。

陈姓

源汇区大刘镇的大陈村（曾名风宪里），就是在明洪武年间，陈姓兄弟五人，自山西洪洞县迁来，繁衍发展形成的。老大居此建村，故名大陈村。

明太祖戡定中原时，河南地广人稀，陈姓有号三老者，携族自晋返豫，在大刘东一里处建村定居，称大陈村。三老即大陈村陈氏始祖。三老之七世孙陈玑，字天仪，号莲轩，明嘉靖二年（1523）进士，初任北直县知县，实授新城县知县。后入户部，补主事，升员外郎，迁郎中，督储徐州、上谷、宣化、大名等处。简放陕西汉中知府，又受封湖广宪使（按察司副

大槐树

使），分巡荆南，兼命庚子科本省乡试大主考。官至五品。明嘉靖十二年，皇帝朱厚熜亲赐御碑，加封其父陈鸾为奉政大夫，户部山西司郎中。表彰陈玑以淑德训成贤，为国家培育了栋梁之材。村人便以陈玑之官名称村名，为风宪里。

陈玑之十一世孙陈伟勋，字山铭，号山民。他博览群书，学问渊博。光绪十八年（1892），荣登金榜为进士。光绪二十三年，任灌县知县。赴任时，陈伟勋见道旁停放灵柩无数，经查原来是地方官为了盘剥乡民，制定了“人死后不交死人税不能埋葬”的土政策，许多人缴不起税，所以灵柩无法安葬。他上任后立即下令革除。光绪二十五年，调任屏山县知县，他采用了“丁保护之，酌提二成养，屯丁费不加”的利民政策，使大片荒地变成良田。光绪三十二年被提升为涪州知州。上任伊始，即兴办学校，设置民警，

创办勤工局及习艺所，发展实业。涪州管辖的夹江县地僻民穷，他鼓励百姓发展养蚕，且明察暗访，使许多冤案得以昭雪。境内百姓直呼青天，赞声不绝。他为官20年，爱民如子，清正廉洁，凡他留任的州县，百姓纷纷为他立碑建祠。会理州有德政牌坊，涪州有去思碑，灌县立有生祠。伟勋居官不忘桑梓，光绪二十六年，河南遭受饥荒，他以个人薪俸“函寄数百金救本村饥民”，还支持侄子陈金台设堂馆，教育学子，劝导金台创办县女子学校。返乡后，担任郾城县志局局长，竭尽全力，潜心修志。1917年9月6日，书未成，而身先死。1924年经政府内务部核准，伟勋公被附祀郾城乡贤祠。

陈巩之十二世孙陈金台，字延堂，号燕卿。其父陈传谨诰封中宪大夫，户部主事。金台14岁补为博士弟子员，光绪十五年中进士。乡亲们将其与陈伟勋并称为“叔侄进士”。任户部四川司主事，陕西司主事，顺天府乡试誊录官。光绪二十年，任会试内收掌。宣统二年（1910），选授安徽直隶州滁州知州。滁州地处滁河之滨，盗贼出没，百姓深受其害，他恩威并施，予以平息，百姓称他为“贤刺史，不可多得”。自滁州返里后，致力于公益及教育事业，为桑梓培育人才。1912年，在金台公倡议下，邑人刘兴汉、佟世楷赞助，以郾城“契尾”学田款为经费创办女子学校，使女子和男子一样有受教育的权利。辛亥革命发生后，与叔父山铭公一起成立郾城县县志局，修纂郾城县志。两年后，叔父病故，公独担重任，他广查资料，博访通人，去粗取精，认真整理，在病重时还摘稿中疑事二则，向吏部郎中秦树声问询。1916年，相继担任河南省议会第二届、第三届议员。1922年补众议院议员。

陈氏后裔或崇文或尚武，英贤辈出，或居官或务农，代不乏人。陈氏后人正在奔小康的道路上，团结奋进，不久的将来，他们定会创造出更加辉煌的业绩。

现在漯河的陈姓，一部分是颍川、汝南郡陈氏后裔，一部分是明初从山西洪洞县迁来的移民。他们分布在大陈、台陈、前陈、坡陈、楼陈、庙陈、双庙陈、干河陈、郭陈、陈桥、陈刘马等村落和城区街道。按人口数量排序是漯河的第七大姓。

于姓

在召陵区万金镇坡于村西北一公里处的于氏祖茔始祖墓前，耸立着一通于姓祖茔碑，上刻着：“明太祖洪武年间，因山西大旱，禾枯草干，民不聊生。于姓始祖于林兄弟三人，自洪洞县迁于河南西华邑，沙河之南，长居化庄，次居坡于，再次居下堤。”那时的化庄、坡于、下堤均属河南省西华县，后归郾城县。那么，于姓的根源在哪里呢?

据史料记载，于姓出自姬姓，是周武王姬发的后代，因国名而得氏。周武王克商后，他的第二个儿子被封在邘国（今沁阳西北邘部镇），称为邘叔。于国被灭后，为不忘先祖，邘叔的子孙就决定以国为氏。为了日后便于相认，就在自己的胳膊上刺上了自己的姓氏。可匆忙之中，有的刺的是邘字，有的刺的是于字，这样他们有的姓邘，有的则姓于。于姓兄弟姓的就是这个于。

于姓兄弟三人，来到河南以后，老大和化庄姓化的居住在一起，居住地称为化庄。老三和姓余的居住在沙河堤下，居住地称为下堤于村。老二在离此二十几里的大坡居住下来建村，居住地称为坡于村。于姓兄弟，虽没有什么文化，但他们依靠吃苦耐劳的开拓精神，在这荒凉的土地上开垦种植，搭房盖屋，繁衍生息，创造了动人的业绩，历练出了许多英雄人物。

当地广为流传的“父总兵，子总兵，父子总兵”的故事，说的就是于氏兄弟的八代子孙于登俊、于洙父子。于登俊，骠骑将军，护农总兵。李自成挥兵南下时，派李过率领兵卒下乡打（征集）粮，过了沙河，下河堤就是“于氏佳城”下堤于寨。当时的寨子是一座坚固的土围子，尽管很小，但是寨墙高筑，寨壕水深。见李过围寨，老总兵站在寨门上与李过搭话，提出要和李过打赌。条件就是由李过寨下放马飞奔，百步之外，老总兵用弹弓射他的马蹄，如射中，李过不能进寨，村人不出粮；如射不中，就大开寨门任凭李过发落。李过不相信这小地方的这个小人物会有太高的武艺，根本没把他放在眼里。但老总兵竟真的射中了李过坐骑的一只蹄子。李过无奈，只好绕寨而过。老总兵靠自己的本领让全村人躲过了一场浩劫。这件事被于氏世代传颂，后人只要一提起老总兵，都会情不自禁地伸出大拇指说：“好样的！”

少总兵于洙小时候受过良好的教育，清康熙年间中进士，后任两湖水司都检。

于德元，清道光二十五年（1845）中进士，曾出任河南学政。像这样有功名的于氏之

于

后，当然不止这些，在此不再赘述。

万姓

万姓源于姬姓。据《史记·魏世家》记载，周武王姬发灭商后，封姬姓人“高”于毕，建立毕国，称为毕公高。公元前661年，晋国攻灭霍、耿、魏三国，毕公高的后裔毕万在战斗中立大功，晋献公便把魏国旧地（今山西芮城）作为封邑赐给他，命为大夫。晋献公死后，毕万家族势力强大，使魏国逐步发展成为战国七雄之一。毕万的子孙遂以他的名“万”为姓。

万姓在历史上曾出现过许多名人。战国时齐国有万章，为孟轲弟子。西汉末有万修，始为信都令，后封槐里侯。北魏有万安国，官至大将军、大司马。隋代有万宝常，音乐家，撰有《乐谱》。从唐代开始，见于记载的万姓名人更多。他们大都活动在眉州（今属四川）、平江（今属湖南）、大冶（今属湖北）、越州（今浙江绍兴）、江州（今江西九江）等地。明清时期，万姓又逐渐向河南、广西、广东、内蒙古、山东、陕西、天津、福建等地发展，有的还迁至海外，侨居印尼、新加坡等国家。由此可见其分布之广，繁衍之快。

据漯河市召陵区万庄民间现存万氏《宗族世谱》记载，其先主万佰川，字朝宗，于明洪武年间，在大规模的移民中，携家人从山西到达螺湾㶏澧之南，距城八里，择居姜栅（万庄前身）。此后，历经繁衍，世代相传，逐渐发展成为郾城县东的名门望族，人称“姜栅万”。其后裔有一部分又先后移居翟庄、冯庄、黄岗、大荆庄、杏树王、西坡李等周边地区。有的还远播四川、新疆等地，在异域繁衍。

万姓以“耕读传家”闻名乡里。明清时期，考取功名或被授予官职的达数十人，其中第三世万惠于明永乐年间曾编纂《奇方纂要》一书。万国才在明末清初曾授业于太学（当时的最高学府），万应中为大学礼生，万昆、万定策入“翰林院”，万定一为登仕郎，万学礼任国子监司业（正五品），万明拳为清同治年间举人，等等。现代更是人才济济，名人辈出，漯河特等功臣、双汇集团卓越领航人万隆便是其中之一。

• 姓氏出炎黄　同心建家园 •

漯河的姓氏和全国一样纷繁复杂，历史悠久。全国十大姓氏最新排名榜是李、王、张、刘、陈、杨、赵、黄、周、吴，现在漯河市十大姓氏的排名榜是张、王、李、刘、赵、杨、陈、郭、宋、周，与全国十大姓氏排序基本一致。

■ 张姓

张姓的得姓始祖是张挥，字玉爵，号天禄，是黄帝的孙子。因观弧制矢，赐姓张氏。因其为弓正（长）之官，主祀弧星。经过长期的观察，他发现弧矢星座中的八颗小星的排列像弯曲的弓形，有一颗明亮的星体夹处在大犬和船尾两个星座之间，像欲发的箭头。张挥因此受到启发，发明了弓箭。因其官名，被赐姓张。这一张姓主要是在河南境内发展，处在河南之中的漯河自然是其较集中的聚居、繁衍之地。

还有一支张姓是晋国大夫解张之后。解张，字张侯，是晋国的大夫，其子孙以解张之名命氏，世代仕晋。公元前403年，韩、赵、魏三家分晋，张姓氏族一部分留在原地，繁衍生息，一部分因这三个国家迁都而迁移。到了明朝初年，一批又一批的张姓族人从山西移民中原。现在漯河所辖的郾城、舞阳和临颍都是当时移民的主要迁入地。张姓移民与土著张姓融合在一起，不仅人口得以壮大，而且促进了经济的发展。这样一来，便形成了漯河地区张姓人口稠密、分布广泛的自然特征。

据史载，郓州寿张有一个名叫张公艺的人（张良第二十六代孙），他家庭和睦，九世同居，对当时的世风影响很大。唐高宗李治泰山封禅，经过寿张，登门拜访张公艺（时年88岁），问其究竟，公艺秉笔书曰："父子不忍失慈孝，兄弟不忍外人欺，妯娌不忍闹分居，婆媳不忍失孝心……"其中含了一百多个"忍"字。高宗看罢非常佩服，即赐缣帛百匹，且亲书"百忍义门"四个大字，以旌其族。大书法家张旭为其题诗曰："张公书百忍，唐朝著勋名，天子躬亲问，旌表悬门庭。洪都是故郡，清河脉长存，儿孙须当记，族远诗为凭。"从此，张氏便以"百忍堂"

张

作为堂号。

还有清河郡的张歆、范阳郡的张宇、太原郡的张伟、京兆郡的张汤，都是历史上的张姓名人。

过去，人们在谈论姓氏的时候，往往说“张王李赵遍地刘”，总是用这句话来概括这五大姓的排列顺序。据全国人口普查资料计算，张姓约占全国总人口的7%，略少于李姓和王姓，是当今中国的第三大姓，遍及全国各地。

在漯河市，按人口计算，张姓却是第一大姓。他们散居在各个街道社区，聚居在乡镇村落。比如，源汇区的马夫张、张王于、沈张、张店；郾城区的张胡魏、张湾、尧张、大张、神张、沟张、斗张、渚张、高庙张、碾盘张、绰子张、卢张湾、张店；召陵区的杨树张、扁担张、呼雷张、柿园张、洼张、英张等都是张姓聚居的地方。

王姓

在漯河，王姓极为普遍，它不像其他姓氏，同出于某国、某地或某人的姓氏，而是源头众多，支脉纷繁。古代帝王的子孙多称王子、王孙，他们的后人便以“王”为氏。因本为王族，世人称其为王家。

王

漯河处在封建王朝建都最多的中原，境内早有王姓先民在此居住，并不断发展壮大。到了明朝初年，又有大批王姓之民，由山西洪洞县来漯定居，和土著王姓融合在一起，在发展生产、繁荣经济方面做出重要贡献。

唐朝时王姓曾出过一位皇帝，就是舞阳县的王建。他年少时以屠牛、贩私盐为业，后应募入伍，升任忠武军队将领。唐僖宗避乱途中，命王建为清道使，行至当涂（今凤翔）至兴元（今陕西南郑）之间时，叛将李昌符焚烧栈道。王建搀扶着僖宗从大火中冲出，使僖宗得以脱险。因救驾有功，僖宗封他为壁州（今四川通江）刺史。他趁机招募8 000多人，破鹿头，取汉州，屡建奇功。唐昭宗李晔继位后，拜王建为永平节度使。他领兵攻克成都，据有两川之地，势力逐步扩大。唐昭宗天复三年（903），封王建为蜀王。公元907年，唐朝灭亡，当年九月王建称帝，国号大蜀（史称前蜀），在位12年。蜀国因据有蜀中之天险，外部因此不易侵入，长期保持着相对安定局面，加之他厚待贤士，善于用人，当地经济、人口都有所发展。王建去世后，其子王衍继位，谥王建为

"神武圣文孝德明惠皇帝"，庙号高祖，墓称"永陵"。

召陵区姬石镇杏树王村生产的"双王镰"已有300多年的历史，因其做工精细、质量上乘而享誉乡里。郾城区龙城镇钮王村，以生产传统手工艺品"鸡毛掸子"而闻名。

据最新统计，全国王姓已超过9 000万人，是当今中国第二大姓，约占全国人口的7.4%，分布于全国各地。具体到漯河，王姓也极为普遍，全市王姓已近25万人，占全市总人口的9.5%。

李姓

李姓出自嬴姓。尧时，皋陶曾担任掌管刑狱的大理之官，其子伯益被赐嬴姓。后来子孙三代世袭大理职务，便以官名命族姓为理氏。商朝末年，大臣理正因正直敢言，得罪纣王，被处死刑。其妻契和氏带着儿子理利贞出逃，后在豫东鹿邑（古称苦县）定居。逃难途中，因食李子充饥才得以活命，为感激李子的救命之恩，从理利贞开始改理为李，这是李姓渊源的主流。

从商末至东周初期，李姓主要是在豫东一带发展。自东汉开始，李姓有一部分又陆续移居西南，分布于川、滇一带，也成为当地的大姓。

据1998年新编《漯河市志》记载，抗日战争、解放战争和抗美援朝中牺牲的城区籍李姓革命烈士就有60多人。1975年8月上旬，漯河市区曾发生百年不遇的特大洪涝灾害，沙河北岸小李庄河堤最先决口，全村房倒屋塌，一片汪洋。这个村的党支部委员、民兵营长李二毛，身先士卒，奋战在抗洪第一线。他为抢救两位被洪水围困的老年村民，献出了自己的生命，年仅37岁，谱写了一曲动人的抗洪之歌。

李姓是当今中华民族的第一大姓，据新《百家姓》载，李姓约占全国总人口的7.9%，位居百姓之首。漯河市的李姓居民除一部分世居中原外，还有来自不同区域的移民，他们散居在城镇街道，聚居在乡镇村落，诸如李集、李村、李湾、李庄、李盘庄、李槐庭、李傅吴、河沿李、河西李、西坡李、东坡李、长河李、前油李、沟渠李、大羊李、清明李、井李、沟李、黄李、前李、后李、仲李、邱李、军李、庙李、河李、小李庄，等等。传奇般的李姓，根深叶茂，在姓氏文化的浓荫匝地，营造出别样的风景。

李

赵姓

赵姓出自嬴姓，形成于西周，祖先是伯益，始祖是造父。伯益为颛顼帝裔孙，被舜赐姓嬴。造父为伯益的九世孙，是西周时驯马和驾驭马车的能手。他在桃林（今河南灵宝）一带，得到八匹骏马，调驯好后献给周穆王。周穆王配备了上好的马车，让造父为他驾驶，经常外出打猎、游玩。有一次西行至昆仑山，见到西天王母，乐而忘归。这时却传来徐国偃王造反的消息，周穆王非常着急，在此关键时刻，造父驾车日驰千里，使周穆王迅速返回了镐京，平定了叛乱。由于造父立了大功，周穆王便把赵城赐给他，自此以后，造父族就称为赵氏。周朝传至周幽王时，因幽王无道，造父的七世孙叔带离周仕晋，从此赵氏子孙世代为晋大夫。到战国初年，叔带的十二世孙赵襄子联合魏氏、韩氏三家分晋，建立赵国。

到叔带的孙子赵籍时，正式获得了周烈王的承认，与韩、魏两家并列为诸侯。赵国被秦国所灭后，其王室贵族和平民百姓纷纷以国名为姓，称赵氏。

赵姓的发祥地是山西，后来逐渐向中原、西北及江南播迁。赵氏家族具有中华民族的传统美德和不畏强暴的勇敢精神，特别是从晋阳迁都邯郸之后，发生了许多可歌可泣的历史故事，涌现出了许多英雄人物。诸如《赵氏孤儿》中的赵盾，为了社稷江山，他舍身忘家，拯救幼主。“胡服骑射”中的赵武灵王，破除陈规旧俗，带头穿胡服，练骑射，壮大赵国军队。他们都为赵氏家族的兴旺发达做出了很大的贡献。

当今赵姓，依人口数量排序，在全国居第七位，在漯河有107 437人，占全市总人口的4.1%，是漯河的第五大姓。其源远流长，曾涌现出许多历史名人。位于市区海河路东段北侧的石槽赵村，就是因赵姓居住，又有刘秀喂马的两口石槽而得名。该村明代人赵应式，博学多才，文笔犀利，闻名遐迩。明正德年间，他曾先后任山东东昌府通判、顺天府霸州知州等职，后卸任归里。据1934年出版的《郾城县记》载，赵应式的存世作品有《创建忠诚祠记》《重修仁佑祠》《重修县治碑记》《石界河记》等名篇。明嘉靖三十二年（1553）编纂的第一部《郾城县志》也是出自他手。

五代后周时，赵普助赵匡胤发动“陈桥兵变”建立宋朝。宋太祖赵匡胤封赵

赵

普为宰相。赵普又协助太祖采取了“杯酒释兵权”的措施，削减了地方武装，巩固了中央集权，把天下治理得很好。宋太祖问：“你怎么把国家治理得这样好？”赵普回答说：“我不过是靠了半部《论语》罢了！”赵普死后，家人整理他的书箱，果真什么宝贝也没有，只有他生前常读的一部《论语》。赵氏就以“半部堂”作为堂号。

宋朝时侍御史赵忭是个清廉爱民的好官，人称“铁面御史”。他当成都知府的时候，一清如水。当他看到人民安居乐业，就高兴地弹琴取乐。同时，他还养了一只鹤，时常用鹤毛的洁白勉励自己不贪污，用鹤头上的红色勉励自己赤心为国。他没有什么金银钱财，只有一琴一鹤。后世为学他为官清廉便以“琴鹤堂”作为赵氏的堂号。

历史上，赵姓这些世杰俊彦，都以不朽的功勋彪炳史册。

杨姓

杨姓是全国的第六大姓，就漯河而言，有98 250人姓杨，占全市总人口的3.7%，聚居在两县三区的许多村庄，散居在城区的各个街道、社区。诸如郾城区的大杨、小杨、木梳杨、斗杨、杨根庄；召陵区的杨庄、双杨、新大杨、新小杨、穆杨、双杨、杨店、坡杨、升杨；临颍县的傅杨、张杨、后杨、竹园杨、杨林、前杨东、前杨西；舞阳县的杨文进、杨天池、大杨庄、仙庄杨、坡杨、杨楼、东坡杨、大杨、天边杨和市区的杨树张、小寨杨、英杨等村落都是杨姓聚居的地方。

杨姓的起源有两支，一支是出自姬姓，以国为氏。西周末年，周宣王的小儿子名叫尚父，被封在杨国（今山西洪洞）为侯。春秋时，杨侯的封地被晋国所占，其后人就以封国为姓，称为杨氏。另一支是春秋时晋国公族，有一支改为羊舌氏，食采于羊舌，为羊舌大夫，羊舌氏中有一个人叫叔向，博学德高，是位贤臣，因有功，晋国君就把杨城封给了他，其后代便以封地为氏，姓杨。

南宋抗金英雄杨再兴，为抗击外族侵略，战死在今漯河市商桥镇的小商河，焚烧其尸，身中箭头就有两升。

还有杨旦，今河南省漯河市东穆杨村人，清乾隆年间进士，先任河南舞阳县知县，后任苏州知府，一生为官清廉，深受百姓爱戴，人称“杨青天”。

杨

郭姓

郭姓出自姬姓，源于古虢国。据《汉书·地理志》和有关姓氏古籍记载，虢国是周朝分封的诸侯国，有东虢、北虢、西虢之分。其中，东虢在今荥阳东北，开国君主是周文王的弟弟姬叔（亦称虢叔）。公元前767年，虢国土地被郑武公占领，周平王又把姬叔的后裔姬序封于上阳（今三门峡及山西平陆一带），称为北虢。公元前655年，晋国假道于虞灭掉北虢。“唇亡齿寒”“假虞伐虢”的成语故事即出于此。西虢在今陕西宝鸡东，也称城虢，开国君主是文王弟虢仲（亦称姬仲）。西周灭亡后，因虢、郭字异音同，虢国的后代均以郭为姓。

春秋战国时期，郭氏繁衍发展的中心在今河南、陕西、山西省，并逐步形成许多支脉。秦汉时，郭氏开始播迁于山东、河北、湖北等地。唐代，中原郭氏先后两次向福建迁徙。南宋建炎元年（1127），有许多郭姓族人随宋高宗赵构南逃，居于江、浙、湘及两广等地。明末清初，福建郭氏有一支迁居台湾，乾隆三十四年（1769），台湾郭姓已有近百人，散居高雄、彰化、嘉义等地，后发展成为台湾地区的十大姓氏之一，有部分郭姓还远徙欧美及东南亚一些国家。

历史上的郭姓名人，汉有郭解（济源人），以行侠闻名于世。三国有郭嘉（颍川人），为曹操重要谋士，从征十一年，运筹策划，对统一北方有所贡献。晋代有事母至孝而闻名的郭巨（温县人）。唐代，郭姓任宰相者四人，最为著名的是郭子仪，他平定“安史之乱”、中兴唐室功高第一，升中书令，封汾阳郡王，历肃宗、代宗，到德宗时尊为尚父，身系天下安危二十年。五代时，尧山（今河北隆尧）人郭威，于公元951年，代后汉称帝，建都汴京（今开封），历三帝十年。宋、元、明、清时，在文化艺术领域的郭姓名人更是群星灿烂。近现代最著名的是文学界泰斗郭沫若，他在20世纪50年代，对三门峡附近虢国墓地出土的大量历史文物考证后，撰写的《三门峡出土铜器二三事》，是研究虢国历史及郭姓起源的又一重要依据。

郭姓在全国汉族姓氏中名列第16位，在漯河依人口数量排序居第8位，共有70 947人，占全市总人口的2.7%，大部分是明初从山西迁徙过来的移民。最早的一支在今源汇区空冢郭乡，后来又不断向周

郭

边发展，分布十分广泛。在行政区划调整后的城区内，仅村名相同的郭庄就有十几个，比如大郭庄、小郭庄、东郭庄、西郭庄、前郭庄、后郭庄、郭寺、郭栗庄、郭桥东、郭桥西、沙郭、席郭、布袋郭、寨东郭、三所楼郭等。郭姓居民对漯河市的经济繁荣、城市建设和文化教育等各项事业的发展，都做出了积极贡献，并涌现出许多劳动模范和先进人物。

■ 宋姓

宋姓在全国名列第22位，在漯河居第9位，有43 911人，占全市总人口的1.8%。宋姓分布也相当广泛。主要聚居地是临颍县繁城镇湾宋、宋庄，固厢乡七里村，王孟乡北宋，王岗乡水牛宋；舞阳县姜店乡大宋，马村乡宋庄，侯集镇宋庄，孟寨镇宋桥，保和乡楼宋；召陵区姬石镇宋寨，万金镇宋庄；郾城区三周乡宋庄、城关镇宋庄；源汇区大刘镇宋庄和干河陈乡小宋庄等。

宋姓发源于河南，出自子姓，为商朝王族支脉后裔，其始祖是微子启。商朝的都城原来在今商丘，后迁都于殷（今安阳小屯附近），商朝自第31代君主帝辛（殷纣王）时走向衰败，帝辛有个儿子名启，因封在微，故称微子启。武王灭商后，商遗民四处逃散，无家可归。微子启为保全商族香火，带领族人拿着宗庙的祭器，抬着棺材，求见武王。武王知其仁慈，答应把商旧都周围的一些地方封给他，建立宋国，负责管理商族遗民。宋国历时700多年，传36代，于公元前286年被齐、魏、楚联合攻灭，三分其地。亡国后的宋国子孙便以原国名为氏，始有宋姓。

宋

宋姓形成以后，历经繁衍，人才荟萃，精英迭出，在唐、宋、元、明、清各个朝代担任宰相和相当于宰相的大臣、大夫不乏其人，并且贤相居多，最为世人所推崇的是唐玄宗时的宰相宋璟。他主张宽赋税，减刑罚，让百姓安居乐业，革除前弊，选贤任能，使百官称职，并以身作则，不徇私情。有一次，他的一个堂叔依仗亲戚关系，想让吏部给个好差事。宋璟知道后对吏部官员说：“选人是国家的大事，不能以私害公。我堂叔本可依照惯例授予应得的官职，但他竟大言不惭，伸手要官，让他回老家去吧！”还有一次，玄宗的哥哥宁王不经中书省的合法手续，要把官职授予亲戚，当时，玄宗也同意了。但宋璟据理力争，强调“至公之道”得从皇上做起，才能上行下效。玄宗接受了他的建议，立即纠正。宋璟“守法持正”被世人传为千古佳话。

宋姓是在辗转迁徙中逐渐发展壮大的，从其播迁的走向规律来看，主要特征是由北向南、由东向西流动。汉初，为巩固中央集权，各地豪强势力被强行迁至京兆（今陕西西安），便于朝廷直接控制。中原宋姓西迁关中之时，有一支徙居西河介休（今属山西），人丁兴旺，枝繁叶茂，渐成望族。明初，洪洞县、介休一带的宋姓又大批迁徙河南，定居豫中南各县，漯河也是其扎根落户的地区之一，宋姓在这里发展较快，除了乡镇村落以外，城区街道也有许多宋姓人居住。

周姓

周姓的起源，主要是出自周昌、周任之后。相传黄帝时，就有一位叫周昌的大将，至商代又有一名叫周任的太史。这两个人的后代都以周为姓。因二人无世系可考，唐、宋时期的姓氏学者将周姓起源下延至周朝，认为周氏源于姬姓，其始祖为周文王。周公东征胜利后，大规模分封诸侯，其中姬姓国就有48个，这些姬姓国大多以国名和祖父名号为姓氏。秦灭周后，有相当一部分周族宦室子孙便以周为氏。周氏的后代，分散于古时的汝南（今河南、安徽一带）、庐江（今安徽、湖北一带）、临川（今江西省）、陈留（在今河南省境内）、沛国（今河南、安徽、江苏一带）、泰山（今属山东境）等地。

据历史记载，西周历十三王，至周平王时，于公元前770年迁都洛阳，史称东周。周平王有个儿子叫姬烈，被封于汝南。秦始皇一统天下，以周赧王（周朝最后一任国王）为首的周朝王族被废为庶民，迁至今河南汝州西北。被封于汝南的周平王后裔繁衍昌盛，也逐渐发展成为名门望族。周邕的孙子周仁被封为汝坟（故地在今叶县北）侯，赐号公正。周仁有十个儿子，繁衍出许多支脉。先居汝坟又徙安城，历史上就有“汝坟下湿，徙于安城”的说法。

周姓是当今中国的第九大姓，在漯河有39 218人，占全市总人口的1.5%，也是全市的十大姓氏之一。古时，曾属于汝南郡的漯河，由于连年战乱，人们四散逃离，致使人口锐减。直至明初，又有山西周姓移民在此落户。《漯河市地名志》载，明洪武、永乐年间，从人口稠密的山西

周

向中原移民时，有周姓兄弟三人定居于原郾城县境内。后来，兄弟三人析产分家，独立门户，只有老大留在原地，称“大周（村）”，今属郾城区黑龙潭乡。老二在相距不远的“三官庙”（后称周大庙）附近建村，始为周庄（一说湾周）。由于人口的不断增加，后分为前周和后周两个村。老三迁出后，定村名“三周”，即原郾城县三周乡政府所在地。与此同时，陆续从山西迁来的周姓移民，先后在漯河定居。现在郾城区龙城镇的周庄，裴城镇的冢周，新店镇的新周庄和周石黄村；召陵区万金镇的周庄村，青年镇的周韩村；源汇区的大刘镇周庄村都是周姓聚居的地方。

历史上周姓也曾涌现出许多著名人物，或彪炳于史册，或立传于家乘。据统计，周姓在《二十四史》中单独立传者有276人，收录《中国名人大辞典》的有610人；收录《当代中国名人录》的有147人。已故河南著名教育家、漯河市政协原副主席、民革名誉主任委员周祖训，祖籍内黄县周宋村，虽属客籍周姓，但在市区从事教育工作50多年，为国家培养了大批人才。

• 全国稀有姓　漯河不难见 •

中华姓氏纷繁，历史悠久，数量众多，其中有一些是比较罕见的稀有姓氏。他们使用的姓氏数量很多，但比较分散，相对来讲，人数也比较少。这是姓氏在产生、迁徙、发展过程中形成的一种自然现象，也是姓氏文化独有的一种特征。漯河人的姓氏，有一些也属于稀有姓氏，这些罕见的姓氏，其渊源和现状怎么样呢？

■ 井姓

井姓始于3 000多年前的周代，系炎帝神农氏的后裔。春秋时，虞国（都城故地在今山西平陆一带）有位贵族大夫被封在都城附近的井邑，史称井伯。战国时，一度称霸诸侯的晋国“假道伐虢，还师又灭虞”。虞国被灭后，井伯的子孙便以先祖的食邑地名“井”为氏。有的留居原地，有的则从山西老家流徙于四方。其中，有一支在今陕西扶风一带发展成为望族，并以此为中心又向各地播迁，分布广泛。有资料显示，山西、陕西、河南、辽宁多此姓，四省井姓约占全国井姓的59%。

漯河井姓的聚居地在召陵区青年镇井庄村、舞阳县侯集镇井庄村。据《漯河市地名志》记载，明初，井大勇兄弟5人从山西移民至此建村，始称井家庄，后简称今名，已历经600多年，传25世。散居在市区的井姓，有一支来自邓州市彭桥镇杜北营村，还有一支来自西平县和上蔡县芦岗乡井庄村。

■ 利姓

利姓是全国的稀有姓氏之一，漯河虽有此姓，但非常罕见，其姓来源于两个方面。

一是以国为氏。古时有个终利国，故地在今江苏铜山北部的利城及赣榆一带。虽然国有其名，但实际上只是个不太大的氏族部落。族人的后代遂以国为氏，称为“利”姓。

二是汉代以后由少数民族的复姓演变而来。鲜卑族有舍利氏、爬利氏、邪利伽氏等。北魏孝文帝迁都洛阳后，进行汉化改革，这些复姓都先后改为单字“利”姓。

利姓早期主要是在今河南洛阳、江苏铜山及江西等地繁衍生息，后来逐渐向周边的山东、安徽、河南、河北、湖北等省发展。时至今日，南北都有，人数不多。

■ 母姓

漯河母姓最早的聚居地，在舞阳县保和乡的西奶母营村。源汇区、郾城区境内均有此姓。

母姓出自地名，发源于母丘，故地在今河北省平乡县以北至晋州一带。春秋时，齐宣王的弟弟被封于此地，为继承先祖胡公满的祭祀，就以封地为姓，赐以胡母氏。其后人又分出一支，称母丘氏。古时，还有母东、母将、母知、母盐等复姓。后皆改为母姓。

母氏早期繁衍于齐国地域，后来逐渐向周边发展，散居在晋、冀、鲁、豫、赣、江、浙等地。其中，有一支在河南形成聚居点，人口相对集中，并不断发展壮大。所以，漯河及临近的西平县、鲁山县和洛阳地区多此姓。

■ 黑姓

漯河黑姓居于舞阳县孟寨村。20世纪50年代初，老市区（今源汇区）曾迁入黑姓父女二人，人们分别称其为“老黑”“小黑”，他们感到很不舒服。因为，这个字作为姓氏应读“贺”，而不是辨别颜色种类的“黑”，更不是区分光明与黑暗的“黑”。类似这样的姓氏有很多，都是不能随意改变的。

尽管如此，黑姓仍不失其历史悠久、源远流长的特点。据有关史料记载，春秋时，楚共王有个儿子名黑肱，字子皙，官至楚国大夫。黑肱的后代遂以其名“黑”为姓，世代相传，沿用至今。黑姓分布广泛，临近漯河的西平权寨镇黑庄、南阳淅川香花镇、开封朱仙镇、郑州荥阳及河北、山西、陕西、宁夏等地均有此姓。

掌姓

漯河早有此姓。北宋许州郾城人掌禹锡（992—1086），字唐卿，进士及第，官拜工部侍郎、参军、大理寺丞、光禄寺卿、侍御史、尚书屯田员侍郎等职。他知识渊博，著有《周易集解》10卷（无存）。后因年老多病辞官。掌禹锡为官数十年，生活俭朴，不摆阔气，为此而遭同僚、下属轻慢，他仍正己完身，从不计较，为子孙树立了好榜样。

支姓

支姓族人虽少，却椒衍瓜绵，不断发展，至今已有3 000多年，其姓有两个来源。

一是以嫡庶为氏。周朝王室正妻的长子称嫡子，也叫宗子，是继承王位的首选人物，其他儿子均称庶子或支子。庶子的后代有的便以其分支的“支”为氏，形成一支最早的支姓。

二是源于西域，出自月支国。其活动地域在今甘肃中、西部，青海东部的祁连山一带，过着游牧生活。月支国强盛时，势力范围曾达到印度恒河流域的克什米尔等地。汉代，月支国遭匈奴攻击，大部分迁至今新疆伊犁河流域，称大月支氏；少数进入祁连山与羌人杂居，称小月支氏。晋代，月支国族人抵达中原，初居京都洛阳，有的又徙至山西、陕西地区，逐渐融入汉族，并以月支国的“支”为姓。历经繁衍发展，支姓流布于今宁夏、河北、浙江、上海、江西等省、市、自治区，现有人口约占全国总人口的0.01%。

漯河的支姓来自邻近的西平县权寨镇刘庄及浙江绍兴等地。最早的一支居于郾城城关镇南后街，以做酱醋生意为业。1944年，郾城被侵华日军占领。年仅24岁的郾城支姓之子支天雷，满怀一腔热血，不畏强暴，用刀劈死两个日本鬼子，壮烈牺牲，成为漯河历史上普通民众因抗击日军而英勇献身的第一人。其胞妹支天兰于1948年随丈夫去台湾，20世纪90年代初，曾两次回大陆寻根探亲，表达了对祖国、对家乡、对亲人的怀念之情。

淡姓

漯河自古无淡姓，现在散居于源汇区的淡姓族人，是新中国成立后由外地迁入的。20世纪80年代，漯河区划调整，升格为省辖市后，随着干部调动，又有淡姓移居市区，分布在源汇区马路街办事处的一些社区内。

追根溯源，淡姓始于周代，系以人名为氏。公元前11世纪至前771年，殷商灭，周朝兴。当时，有位贵族大夫名籍淡，其后人分别以他的名字为姓，称籍氏、淡氏，形成两个不同的姓。楚汉相争时，为避楚霸王项籍的名讳，籍氏大部分改为席氏，有一部分则随淡氏，也姓淡。

淡氏在数千年的发展中，先后在广平（今河北南部）、弘农（今灵宝一带）等地成为望族，后又逐渐流布于各地，如今河南、河北、江苏多此姓，三省淡姓约占全国淡姓的48%。

缑姓

缑氏出自姬姓，起源于西周，以封邑为氏。据《通志 · 氏族略》载，西周时，有一卿大夫，因功受封于缑邑（在今河南偃师）。公元前520年，周景王死后，他的儿子朝曾起兵造反，争夺王位。晋国就派籍淡率军助周朝平定叛乱，曾在缑邑驻兵。朝兵败后，逃奔楚国，被封在缑邑的大夫也失去了封邑，他的子孙就用原来的封邑名称“缑”作为自己的姓氏。

缑，本来是河南省境内的一座山谷，相传2 500年前，周灵王的太子晋，曾在这座山上驾鹤成仙。春秋时，是滑国的领地，后改置缑氏邑，时至今日缑山的名称仍然保存。山下有一缑氏镇，是通往登封县（现为登封市）的必经之路，这里便是缑氏家族的发祥地。因为缑姓的原籍就在缑氏山，历史上曾设缑氏县。

古城印象

——亘古不变的文明

一个城市的文明史，凝固在古老的地表遗存上，浓缩在悠久的历史传说中。一把泥土里，充满了历史的尘埃；缕缕微风中，飘散着历史的气息。漫步古城北舞渡镇、召陵、繁城旧地，我们仿佛可以感受到中华文明的气息迎面而来……

• 河上街古镇 •

■ 漯河俗称河上街

河上街是漯河的俗称，它裹挟着漯河明显的水城风韵，蕴含着漯河丰厚的历史底蕴，承载着漯河人深深的情、浓浓的爱。

河上街本名顺河街，它以西高东低的姿态依偎在沙河的南岸，有200多米长，地势比市区其他地方高，最高点海拔60多米，是全市地理位置的最高点，因其街面与河堤高低相等，所以又被称为河上街。

河上街的繁华在沙河水运的发展中打下了基础，又随着京汉铁路的通车而如虎添翼。沙河的水运历史悠久，春秋战国时期，溵、汝二河就成为各诸侯国运送粮草的主要航运通道，东汉、魏、东晋时期均有关于航运的记载，唐朝和南宋发生的历史大事件更能说明沙河水运的重要作用。唐朝开元年间，宰相裴度率军讨伐淮西叛军，在漯河郾城驻扎，并取得了平定叛军的胜利，在这一过程中沙河航运发挥了很大的作用。唐元和十一年（816）专门设置了淮颍水运使，从扬州运米、绫经淮河、颍河入沙河，至郾城以供应淮西诸军。南宋宋金两军交战时，溵水镇与周家口是淮河、颍河流域最大的两个码头。因螺湾河码头拆粮速度快，数量多，受到高宗的嘉

河上街鸟瞰图

奖，并钦定螺湾河为上口镇，以后这里形成了螺湾河渡口。但是到了南宋末年，战争和水患给这里的人们带来了极大的灾难。在明朝初期，螺湾河渡口只有几户人家，几十口人，直到明洪武年间从山西洪洞县迁来人口后，螺湾河渡口才又凭着其正居许、禹、陈、蔡、汝诸州的交通要冲的优越位置渐渐繁华，至明永乐年间已形成“舟行此焉薄，估客南来多。江淮百货萃，此处星辰罗”的繁华景象。

河上街的繁华也与京汉铁路的通车有关。1906年，京汉铁路通车后，漯河陆路交通也变得十分便利，由于双河汇流，舟楫便利，东通于海，西达于山，又南北陆路畅达，故商旅群集，百货荟萃。

河上街古镇

漯河在被称为河上街镇之前经历了很长的发展历程，早在新石器时期就有人类在此生息繁衍。夏商为相传的“古郾子国”属地，春秋战国时期隶属召陵邑和郾邑，隋朝置郾城县后，历代均属郾城县，但直到南北朝时才有北魏建奇雒城。漯河早在中唐时期就被称为溵曲镇、溵水镇；南宋时被宋高宗钦定为上口镇；明嘉靖十九年（1540）于郾城县城东五里，沙、澧二河交汇处东南侧，建螺湾镇；清称螺湾河镇。

民国时，漯湾河镇简称漯河镇，是郾城县最著名的镇。其周围有丰富的农副产品原料和优越的水陆交通条件，故迅速成为豫中重要的工商业城镇。大量的工业产品和农副产品在此集散。布行、粮行、油行、盐行林立，钱庄、当铺到处可见，绸布、京广杂货、土特产品遍布大街小巷，各地客商纷至沓来。

抗战时期，由于豫北和两湖战乱，漯河镇成为豫南的政治、经济、军事和文化中心，豫西警备司令部曾设于漯河镇寨内。1945年8月，由国民党高级将领刘峙主持的抗日战争胜利中原战区受降仪式就在河上街西部的漯河二中校园内举行。1949年2月，第二野战军第四兵团在漯河组建，陈赓任司令员兼政委，司令部设在顺河街附近的福音堂。在寨内广场上举行了第四兵团南下誓师大会后，陈赓司令员命令部队踏上了渡江作战的征途。

1986年，经国务院批准，漯河升格为省辖市，实行市带县体制，将原市辖区域正式设置为一个区，命名为源汇区，河上街的名字渐行渐远。如今，漯河的名声越来越响亮，食品名城、汉字文化名城全国闻名，贾湖文化、许慎文化影响世界。但漯河人的“河上街”情结依然在内心深处涌动，年长些的漯河人对河上街更是充满深情，一提起“河上街”几个字，心中便会产生一种亲切感。

■ 河上街古镇景区

在漯河南开源森林公园旁，建起了以河上街为主题的旅游景区，它注重漯河人的河上街情感元素，同时又将其延伸开来，成为中原风情的集中展示区。

站在景区东北向的河上街青石牌坊大门前，只见“河上街”几个金色隶书大字与进门后的金色凤凰雕塑相映成趣，牌坊与栖凤塔相协调，高高在上的摩天轮与古色古香的房屋相呼应，好一幅古今融合的画面。值得一看的是依湖的青石栏杆上雕刻的漯河历史。踏着湖边的石板路，手抚青石栏杆，自北向南边走边看漯河历史，是最有味道的河上街之旅。当然，在观赏漯河历史的时候，那依湖而建的各式店铺也同时向你展示着它们的魅力。

河上街景区特别设计了市井街，以再现水旱码头漯河“江淮百货萃，此处星辰罗”的繁华景象。进大门后，不管是往左走还是往右走，都可以见到各式的特色小店，一店一个特色，一店一种风情，是漯河特色产品、各民族工艺品的汇集地。这里既有老漯河历史文化的厚重，又有全国特色旅游产品的广博，木雕、陶瓷、泥塑、奇石、水晶等20多家旅游文化产品博物馆让人目不暇接。店铺的对联别有匠心：“俗能生雅传承艺术千秋，形可传神勾勒人生百态”说的是河上街泥塑；“千金不及节操贵，万贯不移品行贞”“更凭廉石彰硬骨，灵石蕴含千古韵”，河上街钱庄、中原奇石馆的对联有警示的意味；“宜雨宜晴借得醍醐能灌顶，任舒任卷凭将骨架可撑天”，这是桐油伞的洒脱；“藤木岂无骨柔枝举托百斤重，艺人颇有心巧手开创一片天”，这是藤艺世家的别致。还有许多不错的对联，都为店铺增色不少。

1945年，漯河作为全国16个受降区之一接受日军官兵的投降，16个受降区中只有漯河建有受降亭。虽然没有在原址上修建，但是位于河上街景区中心的受降亭及中州抗战纪念馆让更多的人熟悉了这段历史，感受了抗日战争胜利的不易，是接受爱国主义教育的极好基地。

河上街景区的房屋全部为仿古式建筑，除去景区内部风景不说，仅是精致的

河上街

仿古建筑本身，就给人以美的享受。从高处望去，只见古色古香的建筑在河上街景区呈绵延之势，在夜晚的灯光下更是流光溢彩，让人惊叹。许多店铺依湖而建，景区中间还有一条小溪穿过，溪上有桥，溪两边的石板上雕刻着中国传统文化的内容，生动有趣。红柱飞檐青瓦，雕栏小溪古塔，客栈茶社酒吧，河上街古镇营造了古朴温馨的氛围。

河上街的发展规划令人期盼，开源集团志存高远，要依托古镇进入休闲旅游业态，建设大唐河上街、大汉河上街、民国河上街、现代河上街、炎黄部落河上街等文化项目，呈现不同时期的建筑风格、风俗民情。还有令人期待的源汇寨、大唐会展中心等休闲旅游文化项目，以期把漯河打造成豫中南休闲城。

“召陵会盟”发生地：召陵故城

召陵故城遗址位于漯河市召陵区东部召陵镇西北。召陵东西二岗上有召陵故城，今名召陵寨。因其寨较大，故又俗称大寨。召陵故城分内城和外城两部分。其内城名吴寨，俗称老寨，在召陵城西北，南北长120米，东西宽100米，高出地面8

米；外城周长6千米，呈正方形，比城外高2～6米，城墙大部分尚存。1957年，被公布为县级文物保护单位；2004年，被公布为第四批省级文物保护单位。

召陵之名的来历

召陵之所以闻名遐迩，是因为公元前656年，齐桓公率八国诸侯在此会盟，共谋伐楚大计。其实，召陵的得名比齐桓公会盟要早得多。

关于召陵得名一般采用晋阚骃在《十三州志》中的说法："召者，高也，其地邱墟，井深数丈，故以名焉。"但是这种说法并不准确，因为召陵之"陵"字意为"大土山"，本身就是"高"的意思，"召"字应有另外的解释。

据记载，"召"是商代的一个方国，在殷商甲骨卜辞中，屡有征伐"召方"的记载。召方面积广大，东南至召陵，西南势力曾达南召县。随着召的扩张，留下了众多的召地，如召亭、召域、召陵、南召。召陵之"召"就是因为其地为邱墟，为区别于其他召地，而在"召"字后面加了"陵"字，这就是召陵的来源。

召陵为中州古邑。春秋时为召陵邑，召陵先属蔡，后归楚和魏，终属秦。秦统一六国后在此设召陵县。唐贞观元年（627）设郾城县，从此归属郾城县管辖。召陵，在陉之北。陉山，为齐国伐楚之道，故城坐落在召陵岗上。召陵岗面积约40平方千米，海拔高度86米，是陉山的一部分，历史上为楚国北方之要塞。陉山是由召陵故城西北桧圣台起向东南绵延100余里，直达上蔡。有一条巨大的黄土岭，当地人称其为"龙脊"。春秋时期召陵为陈、蔡、楚、郑四国通衢和战略要地，占据召陵，进能攻，退能守。由于岗峦起伏，沟壑纵横，地理形势极为险要，故诸侯纷纷相争，常会盟驻跸于此。

召陵故城遗存

召陵故城周围，原有高大土冢七八个，传说为齐桓公伐楚时八国诸侯之点将台。《郾城县记》载："召陵寨南门外路东有平台，高丈许，周围五十步，士人云：'齐桓公点将台。'"这七八个土冢俱毁于"大跃进"和"农业学大寨"运动中。

召陵故城城墙夯层均匀明显，夯窝痕迹清晰可见，颜色灰花，每层夯土原高10～20厘米。历史上出土文物有石镞、铁剑、铁镞、铁戟、陶鼎、陶豆、陶罐、

“召陵会盟”发生地：召陵故城

召陵古城墙

陶壶、汉砖、绳纹板瓦、绳纹筒瓦和瓦当等。

城上老寨依召陵故城遗址而建，当地俗称老寨或吴家寨。《源汇区志》载：“明崇祯十七年（1644）七月，明将刘洪起从开封退守汝南，下令从开封至汝南筑200座寨堡，以御清军南进。”召陵故城正居开封至汝南要冲，修筑寨垣势不可免。

城上的新寨，也称召陵寨或大寨。召陵寨呈方形，周长6千米，设东、西、南、北四个寨门。新寨是以汉召陵故城为基础修建的。东门偏北，和寺后郑村对应；西门偏南，和蒋庄对应；南门居中，和大寨村内的普照寺相对；北门偏西。清咸丰九年（1859），清廷为了对付捻军，实行坚壁清野，修筑寨堡。同治元年（1862），召陵寨不断增修。民国时期，战争频繁，群众“跑反”，不断重新修补。新中国成立后，寨垣破坏严重。西北古城墙及部分寨壕被保存下来。

召陵地处险要，历史上为兵家必争之地，也是繁华之地。唐代诗人描绘召陵风光：“召陵佳树碧葱茏，河汉西汉宴未终。”充分反映了召陵昔日的繁荣景象。

• 中州名镇：北舞渡镇 •

北舞渡镇位于漯河市舞阳县北25公里的沙河南岸。灰河由南向北在镇西北与大沙河交汇，东、南两面为占地103平方公里的泥河洼滞洪区。镇西南1.5公里是举世闻名的贾湖遗址。沙河北岸沃野良田一望无际，村庄星罗棋布。镇东北3公里是新近修成的马湾水库节制闸。

■ 历史文化名镇

北舞渡镇是历史文化名镇，有着2 000多年的历史。春秋时属楚地，最早的名称是定陵，为一个单独的封邑和行政区域，曾设立过县、郡等治所，古定陵就是北舞渡镇。北舞渡古城镇古城址城基还在，出土的文物证明了它悠久的历史。

汉成帝元延三年（前10），外戚侍中卫尉淳于长被封为定陵侯，定陵侯国即在北舞渡镇。以后定陵侯国被废，到了三国魏时，曾为曹操统一北方起了很大作用的钟繇在曹叡继位后，晋封为定陵侯，食邑人口达到1 800户。这个定陵也在今天的北舞渡镇，由此可见北舞渡镇历史地位的显赫。

北舞渡镇地处灰河、沙河交汇处，地理位置优越，从战略上易守难攻。这里西通汝洛，东下江淮，北达郑汴，南抵荆襄，水陆交通十分便利。据史书记载，北舞渡西侧5公里的东不羹城是西周时东不羹国的封地。春秋末年，楚灭不羹，这里成为楚国北方的一个重要军事重镇，战国至汉代改为定陵城，到东晋后燕将慕容农讨贺耕于定陵毁弃该城。之后将政治中心迁移至沙河、灰河的交汇处，建设新城，这就是今天的北舞渡镇。东晋以后，北魏在此设定陵郡，东魏、北齐、隋、唐在此设北舞阳县，至唐开元年间县废，将县城迁移至现在的舞阳县城。从历史沿革及变迁来看，北舞渡一直是舞阳的政治、经济和文化中心。至元大德年间，舞阳与叶县合并改为北舞渡巡检司。据元至正三年（1343）的一块碑文记载：“去县北六十里，有镇曰北舞，跨滍水（沙河）南北二镇，千有余家，皆有文庙书院，士夫宗文，行忠信之教……”明、清以后，北舞渡由舞阳的政治中心转为商业中心，特别是明、清时期，这里得天独厚的水陆交通优势使得商业发展非常繁华。山陕巨商云集此地，江南百货、沿海芦盐由此吞吐中转。道光年间，北舞渡镇贾客列肆镇中，毂击肩摩，负重而喧哗者俨如城郭，曾有“拉不完的赊家店（社旗县），填不满的北舞渡”之誉，当时北舞渡可谓盛极一时，“日进斗金”，就连北舞渡镇也依照北京城去建，城周达13华里，设九门，被称为“九门九关小北京”。这里成为豫中南重要的商业集散地。据传，当时全镇人口10万左右，商户多达500余家，可谓“市面繁荣，甲于诸邑”。镇内人马喧闹之声，丝竹管弦之奏数里可闻。辟街市72道，仅当铺就有4家。为联谊招商，在镇东南隅建山陕会馆。天津盐商在此设点，包销数十里盐务。这里恃水陆并进，富冠中州。至今，北舞渡镇街道布局还基本保持着清代原有的格局。文昌街两侧，天爷庙、当铺、山陕会馆保存依然完好，显示着昔日的风貌。

清末民初，由于京汉铁路通车，北舞渡日渐衰微，镇内巨商大贾纷纷向漯河等地转移。抗战时期，铁路一度中断，这里又恃水陆交通优势，一时中兴，卷烟、油、酒、纺织品、旅馆等行业再度兴盛，一时又被称为“小上海”。新中国成立前期，北舞渡商业持续繁荣，沙河内樯桅林立，一派繁忙景象。镇内运输车队数家，沿河两岸车水马龙，人声鼎沸。

民国初年，北舞渡为定陵区，1931年为舞阳县第七区，1950年改为北舞渡区，1958年成立人民公社，1983年改乡，1988年撤乡改镇至今。

闻名遐迩的北舞渡当铺

北舞渡当铺位于舞阳县北舞渡镇文昌街北段路东，北临大沙河（汝水），坐东朝西，是一处完整的二进四合院。主体建筑分为头过庭（代大门）、二过庭和大庭。前院南北配房各3间，后院南北配房各3间。前院南北配房及后院南配房在1975年8月大洪水时被冲塌。头过庭、二过庭和大庭位于同一中轴线上。当铺面阔5间，宽15.5米。头过庭、二过庭建筑样式、屋架结构相同，皆为硬山顶，二层楼房，二重起架，五路檩，檩下有搭牵相连。屋面用望砖及灰板瓦覆盖。墙体内坯外砖，中间多处用红石碇把持，砖墙用糯米浆掺石灰砌成，坚固而规整。基础用规整的红砂岩方碇石砌筑。

北舞渡当铺是河南省目前保存下来的唯一完整的清代当铺建筑群，在全国亦

北舞渡当铺

不多见。它始建于清道光八年（1828），为清代山西巨商越家的商号，原有建筑27间，整个院落占地530平方米，是一处保存基本完整，结构严谨，具有清代典型建筑风格的古代建筑群落，是研究清代中晚期建筑及北舞渡商业史及晋商巨贾越家在舞阳经营活动的重要实物资料。

据清代《重修钟鼓楼碑》记载："南阳舞阳北之舞渡，为舞阳一大都会。山陕之人，经商于南（沙河南岸），云至雨集。"另据《创建牌坊碑记》载："南阳舞阳县有北舞渡，恃水陆并进，商贾云集，无穷之重镇也。"镇临汝水（沙河支流），西通汝洛，东下江淮，南连楚荆，北转郑汴，江南商货、东海芦盐由此吞吐中转。特别是清代中晚期，这里的商业空前繁荣，成为豫中南重要的商品集散地。秦晋商人看中此地商机，纷纷在此投资经商，当铺就是在这样的历史背景下应运而生的。

清末，因京汉铁路通车，漯河镇迅速崛起，这里的商业日渐萧条，随着经济中心的转移，老板经营惨淡，后委托当地寨主看守院落。后来外国传教势力（天主教）看中此地，就勾结官府强占了当铺。新中国成立后，这里成为北舞渡区政府的办公场所，现为天主教堂。

北舞渡当铺对研究清代舞阳典当行业的发展和资本主义萌芽的产生具有重要意义。由于这里还是舞阳县第一个地下党组织“时雨学社”的旧址，因而也是一处重要的革命纪念地。

1989年，国家文物局原副局长、专家组组长黄景略同志到北舞渡当铺视察后指出，像这样保存完整、规模较大的当铺建筑在全国也是罕见的，具有较高的研究价值，以此为依托可建一座反映古代经济生活的当铺博物馆。2006年被河南省人民政府公布为省级文物保护单位。

北舞渡胡辣汤与山陕会馆

北舞渡作为闻名遐迩的中原名镇，历史悠久，文化积淀丰厚，民风民俗具有自身特色。这里名优小吃甚多，如胡辣汤、

山陕会馆遗址

卷子馍、罐装素馅水饺、羊肉烧卖、油酥火烧、糯米元宵等远近闻名，尤其是北舞渡的胡辣汤非常有名。北舞渡胡辣汤的形成，据说起源于清道光五年，它与山陕会馆有着密切的联系。山陕会馆建成时大宴宾客，太原府的一名大厨做了一道汤，深受名流绅士称赞，这道汤便是胡辣汤。山陕会馆的兴建，又与晋商有关。明清时期，晋商崛起，足迹遍布大江南北，山陕两省与湖广地区商货往来频繁，北舞渡作为周口与赊旗两大商镇之间的水陆过载码头，商品往来范围十分广阔，在此经商的山陕商人在此捐资修建了山陕会馆。山陕会馆的出现是北舞渡商业发达的产物，也是这个地方工商繁荣的标志。

北舞渡山陕会馆彩牌楼

北舞渡自然风景秀丽，水源丰富，坑塘众多。这里西靠灰河，北靠水面宽阔的沙河，镇内西南还有水面辽阔的湖泊。河边垂柳倒挂，婀娜多姿，明邑令王琪曾盛赞这里：

烟波浩浩际平沙，茅舍滩头八九家。
泛泛百州惊落雁，抬头兰桨荡残霞。
风来绿水千层浪，月上黄庐两岸花。
几度朝天经此地，旁人尽道泛仙槎。

• 汉魏政权和平更迭的受禅地：繁城镇 •

繁城镇位于临颍、许昌、襄城三县交界处，东距107国道10公里，北距许昌市区15公里。京广铁路穿越镇域，省道许泌路由南向北纵贯镇域，在镇域南部与省道逍襄路十字交叉。镇域面积65平方公里，辖32个行政村，82个自然村，总人口5.9万。其中镇区人口1.8万，含有汉、回、拉祜、藏、壮、满、维吾尔、朝鲜等8个民族。1984年，河南省人民政府批准恢复回族镇建制，繁城镇是漯河市唯一的少数民族乡镇。2007年4月，被河南省人民政府公布为河南省历史文化名镇。

■ 历史文化名镇

繁城镇历史悠久，人文底蕴丰厚。早在四五千年以前，古代先民就在这一带繁衍生息，创造了辉煌灿烂的远古文化。尼庄龙山文化遗址就是繁城古老历史的见证。据《左传》记载："（文公九年）楚子师于狼渊以伐郑。""狼渊"即今天繁城一带，历史上这里颍水泛滥，地广人稀，荒草遍野，禽兽出没，是野狼藏匿的理想之地，因而得名。到了汉代，由于颍水在这里曲曲折折，因此这里又被称作"曲蠡"。汉代，古颍水在这一带被叫作"繁水"，在繁水之南的岗地上设置的管理机构叫"繁阳亭"。根据《受禅表》碑记载，东汉延康元年即曹魏黄初元年（220），曹丕"遂于繁昌筑灵坛，设遗宫"。魏国代汉以后撤亭置县。唐贞观七年（633），唐政府颁令撤繁昌县使之并入临颍县，繁昌始称繁城，一直沿袭至今。

繁城是魏兴汉终之地，同时也是三国文化的发源地。在以繁城为中心的方圆10公里内，三国古迹遗址有10余处。其中有当时司马懿驻扎的行辕司马村，司马懿驻军的兵营司马营村。在距繁城西南约10公里，与襄城县交界处，有当时的运粮河、曹冲称象处及曹操的点将台，据传当年曹操就是在这里指挥官渡之战的。在繁城东北约3公里的刘庄村，有当年因献帝下衣带诏而受牵连，后被曹操诛杀的伏皇后墓。在繁城古城北3公里处的古官道旁，有一个村子叫歇马店，据传这里是当年汉献帝赴繁城禅位时驻足歇马的地方。至于当年为修筑受禅台取土形成的40亩阔的饮马坑，更是为当地人所熟知。

繁城位于临颍县城西北部，南依新颍河，北临颍水故道，北距许昌市15公里，东北距曹魏都城许（今张潘镇）20公里。古官道南阳路就经过这里，明清以来这里就是一个著名的水陆码头，为著名的商业集散地。繁城东西宽约1.5公里，南北长约2.5公里。古寨河以城西北红石闸东100米引颍水入寨河。寨河由此向东南经受禅台往东又折向北注入颍河。颍河以北归属许昌管辖。繁城镇内古街东西向、古巷南北向，纵横交错，依然保持着明清以来的格局，如清街、献街、新街、顺河街等，沿街商铺林立，车水马龙，摩肩接踵，一派繁华景象。这里多民族聚居，历史文化积淀深厚，名优小吃、特色饮食远近闻名，如洪家牛肉、小赖烧鸡、洼斗烧鸡、胡辣汤、千层油酥火烧、羊肉汤、壮馍等，常年都吸引着游客前往品尝。

受禅台

繁城镇内名胜古迹众多，人文荟萃。繁城的发展、繁荣与闻名，最重要的原因是东汉延康元年（220），汉献帝刘协在此将皇位禅让于曹丕，从此开创了魏国的基业。

至于受禅地点的选择，为什么选择在繁阳亭？按《受禅表》碑记载，一是这里曾经落过凤凰，走过麒麟，甘露零于丰草，嘉禾神芝，奇禽灵兽，穷祥极瑞者七百余见。二是“卜之周易，筮之守龟”，“遂于繁昌筑灵坛，设遗宫，峙圭

受禅台与三绝碑

受禅台

璧，储牺牲”，从而确定繁阳亭就是最佳的受禅地址。另外，据《三国志·魏书》中曹丕自己所说：“颍川，先帝所由起兵征伐也。官渡之役，四方瓦解，远近顾望，而此郡守义，丁壮荷戈，老弱负粮。惜汉祖以秦中为国本，光武恃河内为王基，今复于此登坛受禅，天以此郡翼成大魏。”

于是，曹丕接受了贾诩等人的建议，命司马懿率20万精兵日夜不息，在短短半个月内，在距繁阳亭几华里远的饮马坑处取土修筑了受禅用的灵坛，即受禅台。根据文献记载，受禅台堆积成时，占地10亩，高5丈，夯筑而成。台分3层，每层有27级台阶，从台底到台顶总共81级台阶，寓九九归真之意。当时台上建有受禅的大殿。按照已经择定的受禅吉日，魏黄初元年冬十月辛未（汉延康元年十月辛未日，公元220年农历十月二十九日），就是在这座为受禅而筑的灵坛上，举行了隆重而肃穆的汉魏受禅大典，曹丕接过了汉献帝亲手奉上的传国玉玺，宣读了祭告天地的诏书，成了名副其实的皇帝，而献帝被封为山阳公。从此，东汉王朝彻底覆亡。李彬凯先生在《七友文丛》中曾感慨曰：

曾是祥云笼瑞霭，万方欢庆向高台；
不凭铁血催老朽，全仗恩威聚俊才。
换代只闻钟磬奏，改朝何必弩弓开；
谁登谁废由他闹，黎庶只求活下来。

三绝碑

现存于繁城献街村小学内的“汉魏受禅碑”是为把汉魏受禅事件传之后世而立的，年代在汉魏受禅之后，曹丕病逝之前，距今已有1 800多年的历史。它是记载汉魏受禅前后经过的最翔实的文字见证，是研究汉魏政权交替不可多得的历史资料。

汉魏受禅碑共两通，一通是《公卿将军上尊号奏》碑，一通是《受禅表》碑。《公卿将军上尊号奏》碑高3.33米，宽1.1米，厚0.32米。圭形碑额，无华饰。碑额中间有直径0.2米的穿孔。篆书碑额为“公卿将军上尊号奏”。此碑的内容

三绝碑

是46位公卿将军联名劝说曹丕当皇帝的奏章。碑文共32行，阳面22行，阴面10行，共1 359个字。《受禅表》碑与《公卿将军上尊号奏》碑基本一致。碑高3.32米，宽1.1米，厚0.28米，圭形碑额，篆额碑头“受禅表”三字，碑头中心有穿孔，直径0.19米，无华饰。记载了汉魏政权的交替经过、受禅时间、立碑原因、受禅地点和对曹丕的称赞溢美之词。这两块碑从唐代刘禹锡起被称之为“三绝碑”。《刘宾客佳话》中说：“繁城受禅碑为王朗文、梁鹄书、钟繇镌刻，堪称三绝。”在刘禹锡提到的上述三人中，王朗是御史大夫，汉魏时期最为著名的文学家，他撰写的碑文婉转巧妙，深入浅出，论证有据，论述有力，语言简洁，详略得宜，添字则余，少字则损，堪称一绝。梁鹄则为当时吏部尚书，大书法家，其书法方笔斩截，率直自然，既有汉隶的古朴典雅，又有魏碑的方正体势，后世书法无出其右者。钟繇是大理东武亭侯，东晋最著名的书法家王羲之、王献之父子书法就是师承钟繇发展而来的。他的镌刻刀工烂熟，中规中矩，风骨凌厉，圆润流畅，不犯不离，又称一绝。因此这两通碑被称为“三绝碑”。二碑均为五彩石质，即俗称的鱼籽石，透明石质，极难得到，故也有把石质称为一绝的。千百年来，三绝碑以其独特的历史研究价值和书法艺术价值，吸引着无数的文人墨客、名宦显要前来欣赏。

三绝碑所在地位于献帝庙旧址上，这里原是汉献帝禅位时的遗宫。魏都迁都洛阳后，原在繁昌兴建的献帝遗宫就失去了利用价值，后来就把此遗宫改为魏文帝庙，俗称“曹丕琼祠”。祠内塑有曹丕金身像。明弘治年间，许州知州邵宝到繁城体察民情，认为曹氏篡汉，当被万世唾骂，便用黑煞神（黑牛）拉掉曹丕之头，并在汉献帝塑像前竖一石碑，亲笔题写“汉愍皇帝之神位”，并在大殿廊柱上写对联一副：“台碑受禅依然在，庙寺馨香看是谁。”从此，魏文帝庙改为献帝庙，这条街也因此被称为“献帝庙街”，一直沿袭至今。

献帝庙原殿七间，配房五间，大殿为宫殿式建筑，明五暗七，飞檐斗拱，气势恢宏，大殿正中为献帝塑像，两侧分列着文武众臣。原庙建于三绝碑北面与之紧邻数丈高的让王台上，后毁于“文化大革命”期间。让王台则于1988年修建回族学校期间被平为操场。

当年汉献帝禅位曹丕时，在受禅台附

近500米处另筑一台，汉献帝与曹丕先后在此居住，故当地人称之为蟠龙寨。原台占地面积133 333平方米，上有建筑面积3 335平方米。后因火灾，上面建筑被毁。后人再置庙宇，设殿堂，塑有火神像，故又称“火神台”。台高5丈，台阶96阶。繁城人每年正月初七到台上为火神过生日，届时，家家户户中午吃捞面，争相到台上烧香，扒烧焦的麦粒。蟠龙寨遗址完好保留至1972年，后因“破四旧”和“农业学大寨”被取土挖掉。

繁城镇是中原一带著名的多民族居住区，特别是伊斯兰教自明清以来在此盛行，镇内曾修建有大清真寺，于20世纪80年代末被拆除，新修建的清真寺规模宏大，别具特色。

明清以来，繁城凭借水陆码头之利，商业发展繁荣，商铺有700余间，为议定行规，山陕商人在镇内建有山陕会馆，20世纪90年代被拆除。

镇内原有铁佛寺，新中国成立后被毁。现保存较好的有民国初年修建的观音寺，香火不断。在古街旧巷内，还保留清代民居建筑多处，昔日的旧街老巷及那些风格不同的民居虽然历尽沧桑，但仍然诉说着繁城过去的辉煌。

• 历史文化名村：小商桥村 •

小商桥村位于漯河市临颍县城南12公里、107国道870公里处，距漯河市20公里。2012年10月1日，依托小商桥及杨再兴纪念园，总投资8 000多万元的小商桥景区重新开园，使小商桥村借助厚重的历史文化底蕴为更多的人所熟知。

小商桥

3 000多年前，商王在今天的临颍与郾城交界处的一条小河边驻足，因此这条河被命名为小商河。约2 000年后，在这条河上修建的一座桥，因河得名，被称作小商桥。

关于小商河名字的来历，还有别的说法。一说此河叫作澱河、颍河，《郑氏通志》说澱水出自阳城东，至西华、汝阳入于颍，与颍水合流，古人并称。一说颍河故道经此，且为水陆交通要道，商务频繁，故河称小商河。小商桥巍然屹立1 000多年，是现存的世界上最早的石拱桥，承载着“天下第一桥”的美誉。

小商桥始建于隋开皇四年（584），经历代整修，现存桥体的主要艺术风格为北宋早期风格，主体用红色石英砂岩砌成，南北长21.3米，宽6.45米，主拱横跨12.14米，矢高3.06米，桥栏上保存有精美的石刻艺术，具有较高的历史、艺术和科学价值，是我国著名的现存古代桥梁之一。元、明、清历代均有修葺，最大的一次修筑是元大德年间（1297—1307）。

小商桥造型优美，小巧玲珑，以其独特的敞肩式结构，吸引着人们的目光。它把以往桥梁建筑中采用的实肩拱改为敞肩拱，只这样一改，便改出神韵。在大拱两端各设两个小拱，小拱卧于大拱的肩膀上，既可以节省石料，减轻桥的自重，又可以在河水暴涨时增加桥洞的过水量，减轻洪水对桥身的冲击。同时，拱上加拱，桥身也更美观，是真正的“虹桥卧波”。小商桥的大拱，并不是普通的半圆形，而是像一张弓，采用了小于半圆的弧段，作为拱桥的承重结构。在相同跨度的情况下，这种小于半圆的拱比半圆拱大大降低了桥梁的高度；反之，在桥梁高度一定的时候，可以得到比半圆拱更宽的跨度，两者结合，使拱桥的技术得到了发展。大拱和小拱均由20道拱石并列砌筑而成，主孔每块拱石间均由咬铁连接。大拱与小拱相交处还镶有龙头，伸出桥外足有半米。文物专家介绍说，这个刻有龙头的石条长达两米，深深地插入桥身之中，外表看好像只是为了好看，其实它像锁石一样，起到

小商桥景区

对整个桥的横向加固作用。

小商桥的珍贵价值还表现在其石雕艺术上。从外观看，小商桥的颜色与众不同，通体呈紫红色，采用红色石英砂岩建造，这种坚硬的石头表面经过细致的打磨加工，光滑整齐。桥面两边刻有青石栏杆。桥通体雕有花纹，拱券上通体饰以精美雕刻，正中的龙门石上刻着饕餮，面目狰狞，作吞吐汹涌水流状。有的券石上则刻着流云、飞马、如意狮子、莲花等图案。主拱与腹拱的连接处也各有一兽头伸出，北端为龙，南端为龟。这些雕刻图案形象怪异，风格古朴，工艺精湛，对研究我国的古代石雕艺术提供了重要而又丰富的实物资料。桥体西侧，主拱镶面石刻有龙云图案，正中龙门石刻因风化难辨，南端拱镶面石雕莲花，北端镶面石雕莲枝、牡丹。小商桥主拱拱脚为三层石砌基础，桥下铺满石砌海漫，在主拱基石四角各雕刻着一个负重的金刚力士像，他们体格健壮，肌肉发达，怒目圆睁，双手按膝，屈膝负重，大小一尺左右，似以千斤之力承托着整个拱桥，雕刻得惟妙惟肖。小商桥的桥墩是由经过细致打磨的六层石条砌成的，表层光滑，砌体整齐。经测量，两侧的桥墩至今仍在同一水平线上，并未发现有不均匀的沉降现象。

1986年，小商桥被河南省政府公布为省级文物保护单位。同年，茅以升主编的《中国古桥技术史》一书出版发行，书中专辟一节对小商桥进行了详细的论述。他认为，小商桥建于隋朝初期，是可以相

小商桥

杨再兴纪念园

信的，但现存的桥式，是否是创建时的形式，有待进一步的考证。但由此可以推知，敞肩式圆弧石拱桥在隋代赵州桥以前已有相当的发展。这一论断给小商桥戴上了“世界第一”的桂冠。因为茅以升的论断，小商桥得以声名远播。但经过1 000多年的风雨剥蚀、战争破坏，经历了无数次的地震和洪水，小商桥已经破旧不堪，有的地方甚至已经出现了坍塌。1992年元月，国家文物局著名文物权威罗哲文先生亲临小商桥考察，再次确认该桥始建于隋，并盛赞该桥为“世界桥梁史上珍品中的精品”。1994年，国家文物局拨款100万元对小商桥进行大修，维修工程于1995年竣工。2001年，小商桥被公布为第五批全国重点文物保护单位。2003年3月29日，国家邮政局发行《中国古桥——拱桥》邮票，其中，第二枚为小商桥。

杨再兴纪念园

杨再兴纪念园位于小商桥村东，是南宋名将杨再兴墓所在地。纪念园占地20亩，内由山门、大殿、墓冢、碑廊、厢房、享堂和牌坊等景观组成。东临107国道，西靠商桥寨河，北倚东岳庙，南至小商河。建筑为宋代风格，呈长方形，坐北朝南，满园古柏苍翠，丰碑林立，墓冢雄伟，曲径通幽。

墓前有祭庙一座，门前立清康熙、雍正、道光和同治年间的石碑五通。其中康熙年间的有两通，一是“宋统制杨将军之墓”碑，二是“宋统制杨将军墓”碑，行草相间。二碑均为清代名宦沈近思撰文，腾之瑚书丹，碑文表达了对将军的敬仰之情，其他碑刻多记载将军的战绩和后人的颂词。庙后为冢，高约7米，冢前有一断碑，字迹漫漶不清，隐约可识“再兴坟墓”四字。墓后有半月形围山，围山后面新修庙宇一座，庙内塑岳飞及杨再兴像，庙宇雕梁画栋，为单檐歇山顶。1963年被公布为河南省重点文物保护单位。

• 中国传统村落：裴城村 •

裴城村位于漯河市郾城区裴城镇，紧邻省道洛界公路南侧，因唐朝宰相裴度的姓氏而得名。裴城村历史悠久，文化底蕴丰厚，村里古建筑群多，且保留尚好。2012年12月，裴城村入选首批中国传统古村落，且是漯河市唯一入选的村庄。

■ 裴城村得名由来

据史料记载，公元806年，唐宪宗元和年间，淮西节度使吴少阳之子吴元济犯上作乱，割据蔡州。朝廷多数大臣希望求和罢兵，身为宰相的裴度力战讨贼，并亲自督兵。裴度率兵来到了郾城洄曲村，当时郾城属蔡州。

裴度率军在此驻扎四个月之久，驻扎平乱期间，裴度亲兵爱民，深受当地百姓爱戴。唐宪宗因裴度讨伐有功，封他为“晋国公”。老百姓为了纪念裴度便将洄曲村更名为裴城村，并为裴度建祠立碑。

历史文化名村：裴城

如今，当年的祠堂已变成裴城村小学，当年的两块石碑仍矗立在学校门口，石碑上详细记载着裴度在郾城的事迹。

■ 彭家高院和贺家大院

裴城村现存的明清古院落有30多处，只不过在“文化大革命”期间遭到破坏，后来经过几代村民的修缮，这些宅院算是勉强保留下来了，有的现在还被村民使用。村里最具代表性的就是彭家高院和贺家大院，现在部分房屋保存尚好。

彭家和贺家是裴城村的两大家族。彭家高院是典型的北方建筑，坐北朝南，院落与院落之间是相通的。

彭家高院

贺家大院

彭家高院原先有三栋楼，最壮观的是北边的三层楼，有12米高，是当时村里最高的建筑，所以大家都称之为“彭家高院”。高楼东、西两侧各有一所厢房，遗憾的是，现在只剩下东厢房了。现存的东厢房为两层楼，约8米高。房子由青砖和条石组成，造型古朴典雅，布局设计合理，可以想象出当时彭家在当地是名门望族。

经考证，彭家高院应该是清乾隆年间所建，当时彭家的主人非常富有。说起彭家高院的三层楼房，还有一个故事流传至今。当时，36里外的一个王姓女子嫁到彭家，但嫁过来后没多久，丈夫就因病去世，王姓女子非常思念娘家亲人，她常站在三层楼上，眺望娘家楼上悬挂的灯笼。

据说，彭家人是明朝的时候从江西庐陵迁徙过来的，彭家的先人曾是朝廷一品官员。朝廷拨给彭家先人2 000顷官田，从此彭姓族人在此定居下来。

彭家高院紧邻的北街，在古代是一条官道，从洛阳到安徽、江苏都要途经这条官道。裴城村现存的老宅几乎都分布在这条官道两侧，好多老宅子都是从官道开始往南北延伸，彭家高院在官道的南侧。当年的街道两边设有驿站，商铺林立，非常繁华。

在中心街道北边有一处房子，在1947年至1949年间，曾是漯河市沙北县委县政府所在地，如今已变成裴城村民开办的卫生所。

贺家大院与彭家高院仅一墙之隔，现所剩的房屋已是寥寥无几。房屋的墙面尽管有些脱落，房子早已不再住人，但古宅院里的青砖黛瓦却记录着历史的点点滴滴。

裴城夜雨

裴城村南面有一片开阔高地是“裴城

遗址”所在地，东西长约360米，南北宽约210米，面积约75 600平方米，这里曾是春秋战国时期人们生活的地方，距今已有2 000多年的历史。此地已被命名为河南省重点文物保护单位。

村子十字街西侧有一座石拱桥，据村民介绍，该桥始建于北宋年间，叫作洄河桥。以前河底凹处铺了一段两米多长的条石，水从石桥下流到北头，正好落在条石上，每到夏季雨水多时，水击条石声传得很远，因此，当地村民就给小石桥起了个好听的名字——“响水桥”。

说起裴城村，就不得不提到“郾城八景”之一的“裴城夜雨”。裴城西门外，原是外坡地，每当傍晚时分，远望坡地，但见雾蒙蒙，雨霏霏，松摇柏晃，雁鸣鹤飞，一派将要下雨的景象。可当人走近时，却又云走雾散，不见了雨迹。第二天清晨再来看时，却又见树润地湿，一番雨后的景象，“裴城夜雨”因此得名。

明代诗人谢公翼的诗曰：“秋雨疏林暗古城，草堂留客对棋枰。一行雁度长空里，疑是当年入蔡声。”这是对“裴城夜雨”最好不过的赞美。

如今的裴城村，一幢幢新楼房沿着街道拔地而起，现代民居与古宅院相得益彰，井然有序。当年的“官道”已变成用水泥修建而成的环村公路，走上去仿佛还能让人感觉到那段沧桑的历史。

• 范寨村：状元故里道不完风俗文化 •

范寨村是召陵区姬石镇的一个古村寨，该村早在秦汉时期就有先民在此繁衍生息。汉代前后村名叫旺寨，唐代叫范花寨，宋代叫文华寨、罗马庄，明朝改名为范寨，沿用至今。

范寨村北临沙河水运码头，是漯河境内三大沙河码头之一。古时，这里水陆交通发达，经济繁荣，至清朝道光年间，这里借舟楫之利，全村有耕地3万亩，货船36艘，马车72驾，成为富甲一方的村镇。

范寨村的突出特点是历史文化底蕴丰厚，待开发旅游项目资源有20余处，如西汉时王莽撵刘秀时留下的八处地名传说，宋代文华寨遗址，明代张氏始祖墓，沙河水旱码头遗址，跑马路、范寨路等；清代道光帝钦封的状元桥，武状元张从龙修建的状元阁、状元府，清代光绪帝钦封的寿星张钟修故居和百龄人瑞长寿石牌坊等，近代有爱国将领吉鸿昌家在村内开办的粮行遗址、原国家副主席王震的旧居等。范寨村物质文化遗产主要有状元阁、状元府旧址、状元桥等16处，非物质文化遗产已整理出近20项，其中包括文华寨祭祖庙会、拉夯号子、豫剧沙河调、中医世家妇科等。经考证，范寨村不仅历代名人辈出，而且是近代豫中南地区豫剧沙河调的发源地、农村地下党组织的发源地，近几年先后被授予“漯河市文华寨民俗风情文化村”“河南省乡村旅游特色村”称号，入选“河南省传统村落”名录等。现由5个自然村组成，人口3 000人，耕地3 500亩。

■ 范寨村的状元文化

范寨村至今还有基本保持原貌的状元府。状元府因清朝武状元张从龙于道光三年（1823）回乡祭祖、修建而得名。武状元张从龙，生于清嘉庆二年（1797），卒于清同治九年（1870），享年74岁。张从龙，字子云，生于范寨村张氏家族第二门八世张抡元家中，因其两岁时患小儿麻疹医治无效，家人误认为他已死亡，夜间用谷草将其包裹，丢到村外西沟（枯河）一座桥旁。第二天黎明，时任后部司马副指挥的张允谦恰好路经此地，隐约听到桥边有小孩子的啼哭声，便四处寻找，终于在一堆谷草中发现了张从龙，张允谦便将其抱回老家山西临县玉坪村抚养。

张从龙自幼喜欢玩弄兵器，力大且喜欢骑马，每日随养父读书习字，因酷爱随父晨练武功，甚得养父宠爱。弱冠入邑武库，拜师野林王公，王公系武当山的俗家门徒，集太极、八卦、形意、少林于一身，精于骑射，通晓兵法，张从龙尽得其传。张从龙于道光二年中武举，在道光三年会试中，名列榜首，继经殿试，擢一甲第一，钦占状元及第，深受道光帝器重，以头等侍卫赐乾清门行走，后调闽浙沿海驻防。张从龙胸怀大志，道光十七年闽浙大举阅兵，其行阵严明，训练娴熟，阵容军纪均冠三军。道光二十年，张从龙任林则徐的副将，在林则徐的统帅下，屡建战功，荣升台州副将（从二品），为禁烟护法之民族英雄。

张从龙得中武状元后回老家山西临县玉坪村夸官，在祖墓内立旗杆以光宗耀祖，可是，连续三次，立的旗杆均于第二天倒下。张从龙经多次询问知道了自己的身世，便回范寨祭祖。在离开范寨进京封官前，张从龙决定留下几位家人修建状元府，在状元府北侧20米的十字路口建状元阁。道光帝听说了张从龙的身世及想在枯河上建状元桥的打算后，恩准其在范寨村重修一座状元桥。

■ 王震同志旧居

王震，1908年生于湖南浏阳，1924年参加革命，1927年加入共青团，同年加入中国共产党。1929年参加中国工农红军。王震同志在60多年的革命生涯中，英勇善战，为中华民族的独立与解放，为创建新中国立下了不朽的功勋。王震同志1955年被授予上将军衔，1988年当选为中华人民共和国副主席。

1927年，汪精卫发动“七一五”反革命政变后，提出“宁可枉杀千人，不可使一人漏网”的反革命大屠杀口号，使成千上万个共产党人、革命人士、工农群众惨死在国民党的屠刀下。1928年，王震同志从湖南转移到武汉，在严重的白色恐怖下，随时都有生命的危险。1928年秋，村里有位叫王炳文的村民，在漯河粮行当行户，带着七八岁的儿子王西领去武汉走亲戚。在当地党组织的精心安排下，由王炳文的姐夫出面介绍，说他有位朋友名叫王雨辰（王震），要去漯河老家办点事，让王雨辰随王炳文父子到漯河住一段时间，办完事便返回武汉。王炳文将王震同志带回村里，开始让他住在家里西堂屋，后来为了安全又让王震住在东屋，并在床下面挖了一个红薯窖，窖里又挖了一段地道，出口设在院外的柴火垛下面。在王炳文的精心照料下，王震同志在此住有三个多月时间，后因叛徒出卖，王震同志在郾城、西华、商水等地创建的党的地下组织暴露，便离开了漯河。

王震同志旧居，虽然经历了80多年的风雨洗刷，其基本原貌仍清晰可见，保存较好。因其珍贵的历史文化价值，王震同志旧居被市委宣传部命名为漯河市党史教育基地和爱国主义教育基地。

考古探秘

——灿烂辉煌的古代文化

漯河市地处中原腹地，历史悠久，文化灿烂。早在八九千年以前，我们的祖先就在这块土地上繁衍生息，创造了灿烂辉煌的古代文化。勤劳朴实的漯河人民，为这块土地留下了许多美丽的传说和令人叹为观止的古迹名胜。目前，文物考古工作者在漯河境内共发现各类不可移动文物点618处，其中已公布的全国重点文物保护单位6处7项，省级文物保护单位36处38项，市级文物保护单位23处，县级文物保护单位203处。

漯河文物资源丰富，舞阳县贾湖新石器时代早期裴李岗文化遗址，发掘出土了8 000年前的甲骨契刻符号和用鹤类腿骨制作的七音骨笛。其中甲骨契刻符号比安阳殷墟甲骨文早4 000多年，比素称世界产生文字最早的文明古国埃及的象形文字还早1 000多年；骨笛已具备七声音阶结构，可以吹奏旋律，在世界音乐发展史上属最早的实物发现。郾城区郝家台龙山文化遗址发现的古城对研究我国奴隶制的产生和国家起源提供了重要材料。郾城区彼岸寺碑是目前我国保存下来典型的宋代石刻造像建筑。舞阳县北舞渡彩牌楼，被誉为河南清代牌楼之冠……

• 远古人类文明的呼唤：舞阳大岗遗址 •

早在一万多年以前，漯河全境还是华北平原西南部淮河流域上游沙、澧、颍河水系的一片冲积平原，西南是峰峦叠嶂、绵延不绝的伏牛山余脉，这里气候湿润，水草丰茂，野兽出没，沙鸥翔集，鱼虾遍布河流湖泊和沼泽，野果飘香挂满枝头，野生植物种子到处都是，这里成了人类由山区洞穴居住向平原岗地迁移生息的理想之地。于是，人类便选择在一处黄土岗上定居下来，开始了漯河这块土地人类繁衍生息的历史，这个地方就是今天舞阳县侯集镇大岗村北侧的旧石器时代晚期至新石器时代早期的大岗文化遗址。

该遗址位于舞阳县城以北25公里的侯集镇大岗村一带，这里有一地势起伏的土岗，村以岗名，故称大岗。大岗遗址位于村北的岗顶上，土岗呈椭圆形，东西较长，因当地村民烧砖取土，遗址区面积仅余8 000多平方米，文化层厚1米左右。1988年，当地村民烧砖取土时发现了这处遗址。这处遗址的发现引起了河南省文物考古研究所的高度重视，他们及时派专家前来调查，认为这是一处极为重要的古代文化遗址。于是，河南省文物考古研究所分别于1989年冬和1990年春对该地点进行两次考古发掘，发掘面积为300平方米，获得

大岗遗址

一批新石器时代早期裴李岗文化遗物和旧石器时代晚期的细石器、石制品共327件。石料多以燧石居多，约占半数以上，其次为脉石英，约占1/3以上，另有少量的石英岩、玛瑙、水晶等石料。石器品类包括细石器、砸击石核、锤石核、石片细石叶、多种刮削器、尖状器等。其中圆头短身刮削器最多，少量的多刃刮削器最精。小尖状器为大岗遗址代表器物之一，这类器物又可分为单尖和双尖两种。单尖类集中于尖刃的修理，尾部不修，制作较精细；双尖类的加工方法是在两侧刃口经反复修理，修痕相交于器物背部，形成所谓的高脊背状。特别令人关注的是，还发现了一片磨刃石片。这为研究旧石器时代晚期由打制石器向新石器时代早期磨制石器的过渡提供了重要材料。裴李岗文化层出土的文物陶器有鼎、钵、壶，石器有石斧、铲、镰等。在遗址中还发现了一口深约10米的水井，这个水井是裴李岗文化时期唯一通过考古发掘发现的水井。这是早期人类抵御旱灾，在山前平原栖居的杰作，从人类掘井历史上来说，可称得上是“天下第一井”，是人类发展史上的一大进步。

大岗遗址与许昌人的发现地灵井遗址南北基本处于一条经线上，相距较近，文化面貌也很相似，这说明它与华北细石器文化应有一定的渊源关系。这使我们有更多理由相信，黄河流域可能是产生我国北方地区细石器文化的摇篮。还要指出的是，在大岗遗址细石器文化层之上还叠压有新石器时代早期的裴李岗文化层，在该层内也包含一些细石器。这种细石器文化层被新石器时代早期文化层叠压的地层关系，在国内尚属罕见，中间虽有缺环，但它为解决旧石器时代晚期文化的去向这一课题提供了重要线索。同时，这对研究此类文化遗存的关系、细石器文化的面貌特征、细石器技术的传播分布和发展及与裴李岗文化的渊源关系都具有重要的科研价值。

• 舞阳贾湖文化遗址 •

位于首都北京中华世纪坛的青铜甬道上，清清流水宛如历史的长河，从100多万年前一直流淌到我们亲历过的时代，在公元前7000年至前6000年长达1 000多年的新

贾湖文化遗址发掘地

贾湖大发现（上）

贾湖大发现（下）

贾湖文化惊天下

石器时代早期这段历史中，被深深镌刻在青铜甬道上的文字是："河南舞阳贾湖遗址的时代为距今9000～7800年，同类型遗址主要分布于淮河上游重要支流沙河、汝河、洪河流域。稻作农业与渔猎、畜养家畜并重，是同期栽培稻分布的最北地区，形成了雏形的环壕聚落。出现了七音阶骨笛和甲、骨、陶、石上的刻符。"

贾湖文化的发现地是位于舞阳县城北22公里、北舞渡镇西南约2公里的贾湖村东侧。泥河的支流从遗址北流来绕向西又折往东南注入泥河中，灰河在遗址东北约3公里处汇入沙河，遗址面积约5.5万平方米，文化层厚薄不等，边缘厚几十厘米，中心地带最厚可达2米，遗址平面呈不规则的圆形。遗址上部被晚期淤土覆盖，直到1961年才发现该遗址，但对其文化内涵的初步认定仅仅是一处新石器时代遗址。1979年，贾湖村民在生产建设中发现一些文物，开始引起文物部门的关注。1979年以后，国家和省、市、县的文物考古工作者对该遗址进行过多次调查和复查。1983年，河南省文物考古研究所对贾湖遗址进行试掘，试掘面积50平方米，发现灰坑11个，墓葬17座；1983～1987年，河南省文物考古研究所进行6次发掘，发掘面积2 600多平方米，发现房基30多座，灰坑300多个，陶窑10座，墓葬300多座，出土陶器、石器、骨器和龟甲等遗物1 000余件，从而弄清了该遗址的文化内涵。2001年4～6月，经国家文物局批准，中国科技大学科技史与科技考古系和河南省文物考古研究所合作，对贾湖遗址进行了第7次发掘，这次发掘面积300多平方米，发现房基5座、灰坑66座、院落3座、兽坑2座、墓葬96座，发现陶、石、骨等各种质地的遗物数百件，大量炭化水稻稻粒、豆粒等植物种子，各种鱼类、龟、鳖、鹿类、猪狗等动物骨骼。2013年9～11月，国家文物局又批准进行第8次考古发掘，发掘面积300平方米，发现遗迹有墓葬、房基、灰坑、兽坑等，都属于贾湖文化时期，共清理墓葬97座，房址9座，灰坑25座，兽坑2个，出土陶、石、骨、角、牙等各种质料的器物600余件。贾湖遗址第8次发掘发现了大量的墓葬，出土了丰富的遗物，除了前7次发掘发现的骨笛、骨叉形器、龟甲、带流陶壶等，还发现了一墓三笛等很多新的重要器物。例如制作精美的象牙雕板，其形制在新石器时代遗址中极为罕见；随葬有大量品质精美的绿松石串饰的墓葬，以及有可能作为房屋奠基或祭祀的埋葬现象等。这些发现不仅进一步深化了我们对贾湖文化的认识，丰富了贾湖遗址的文化内涵，还为淮河流域新石器时代人类文化和社会结构的探讨提供了新的资料。

贾湖

根据对贾湖遗址出土的大量动物骨骼和植物标本的研究，专家们对贾湖聚落的自然环境做出了如下复原：八九千年以前，在遗址周围附近的岗丘上生长有稀疏的栎、栗、核桃、榛等组成的落叶、阔叶林，林下或沟坎、断崖边生长着酸枣、柽柳等灌木丛，林中常有野猪、鹿等动物出没，聚落的周围有广阔的以蒿属、菊科、藜科植物为主组成的草原，不时有貉、梅花鹿、野兔等奔驰而过。聚落附近的湖沼水面上，莲、菱、莎草、水蕨等水生植物绽开朵朵鲜花点缀其上，水中有大量的鱼、蚌、螺、龟、鳖、鳄等动物浮游其间，水边常有獐、鹿等动物饮水嬉戏，有丹顶鹤、天鹅等翩翩起舞，不时传来声声啼鸣。聚落内外，榆、柳、桑、梅等乔木迎风摇曳。聚落周围是先农种植的片片稻田，或可以听见阵阵悠扬的笛声。也可能正是有了这样优美的生存环境，贾湖人才创造了独具特色的灿烂文化。

贾湖人居住的房屋平面以椭圆形为主，另有圆形、不规则形、方形和马鞍形等，建筑形式为半地穴式或浅地穴式，另有少量为干栏式平地起建。房间间数有单间和多间，每间面积2～6平方米，房间有门槛或隔墙。房基附近的灰坑有圆形、椭圆形和不规则形。有的为窖穴，壁上留有台阶，有的周围还有柱洞。

早期贾湖人的墓葬与居址混杂，到了中晚期墓葬区与居住区才分离开来。由于贾湖人在此居住时间较长，所以墓葬分布十分密集。早期墓葬分布于遗址西部，中晚期墓葬分布于遗址的西、中、东部，且有层层叠压和打破现象。墓葬绝大多数为长方形土坑竖穴墓，墓壁垂直或口稍大于底，个别墓葬为圆角长方形和长椭圆形，规模相差不大。墓向以西面为主，其次为西南面。这里以单人一次葬为主，还有多人二次葬、单人二次葬及个别的多人合葬等。儿童也葬于公共墓地之中，婴儿则以瓮棺为葬具，散乱地分布于遗址之中。

墓葬中的随葬品大多为实用器具，有的陶器、石器、骨器上还有使用痕迹，个别墓葬随葬的陶器应为冥器。一般情况下，随葬有石铲、石斧、骨镞、骨镖的墓主为男性，随葬有骨针、纺轮、石磨盘的为女性。在墓葬中还有随葬鹿角、猪下颌骨和其他零碎兽骨的现象，有的墓中还随葬有加工过的龟甲，大多数的龟甲的边缘经长期使用把握而圆钝光滑，龟甲内多装有数量不等的小石子。其中，墓葬中还出土了一些精美的叉形器，放置于成堆的龟甲上，也有个别握在死者手中或置于身旁，这说明贾湖人具有浓郁的崇拜意识。贾湖人盛行巫术崇拜，对原始宗教与卜筮起源的研究具有十分重要的意义，因此，可以说贾湖遗址是世界原始宗教与卜筮的起源地。

贾湖人使用的生活器具以陶器为主，陶器的发明使用拓宽了人类的食物品种，改进了烹饪方式，因而被誉为人类发展史上的里程碑。在制陶技术方面，发现的陶窑均为横穴式，上口椭圆形，残存有火门、火膛、火台、窑壁、烟道和出烟口。这里的陶器以红陶为主，陶色不纯，烧制火候较低。从陶质看，主要有泥质陶、夹砂陶、夹炭陶、夹云母陶。器表以磨光和素面为主，夹砂褐陶和红陶施赭色陶衣。纹饰有绳纹、划纹、戳刺纹、附加堆纹、乳钉纹、齿状纹、篦点纹和指印纹等。从

贾湖骨笛

器形看，典型陶器有凿型足盆形鼎、凿形足卷沿罐、卷沿深腹罐、筒形角把罐、束颈鼓腰圆底罐、卷沿深腹罐、折沿深腹罐、折肩壶、圆肩圆腹壶、扁腹横耳壶、敛口钵和浅腹钵。

石器以磨制为主，有少量打制。农业生产工具有刮削器、刀、锛、弧刃斧、两端弧形斧和齿刃镰。谷物加工工具有鞋底状四柱足石磨盘和石磨棒，还有石纺轮、石环及绿松石饰等。这些石制品不仅种类繁多，具有各种功能的器物较为齐全，而且制作较为精致，有的精雕细刻，堪称工艺品，反映了工具的主人具有高超的制石工艺水平。

贾湖遗址还出土了丰富的骨、角、牙制品。人们对骨、角制品的发明和利用的历史，几乎与石制品的利用同样古老，到了贾湖人生存的时代，骨、角制品达到了相当高的水平。骨、角制品以鹿角、动物的肢骨为原料，除用作镞、镖、矛、凿、耜和刀等工具外，还发现有牙饰、牙环、骨叉形器和契刻骨板等。

贾湖遗址出土文物最引人注目的器物是近30支骨笛，这些骨笛多为墓中随葬之物，墓主多为男性。贾湖骨笛是中国也是世界上发现最早、保存最完整的乐器，有二孔、五孔、六孔、七孔和八孔笛，长度在17.3～24.6厘米，直径在0.9～1.72厘米，其制作规范，形制固定。1987年年底，经中央音乐研究所所长黄翔鹏等音乐家对其中一支七孔骨笛测试，知其已具备七声音阶，用它吹奏的民间音乐《小白菜》依然旋律悠扬。这是迄今世界上出土年代最早、保存最为完整、出土个数最多、现在还能用以演奏的乐器实物。贾湖骨笛的发现把人类的音乐史向前推进了3 000多年。

在贾湖遗址中发现的契刻符号共17个，有的刻在龟甲上，有的刻在骨器上，有的刻在石器上，有的刻在陶器上，有些符号与殷墟甲骨文、周代金文中一些字形相似。这些8 000年前的契刻符号，具有原始文字的性质，与商代甲骨文可能有某种继承关系，很可能是汉字的滥觞。香港中文大学著名国学家饶宗颐先生认为，“贾湖刻符对汉字来源的关键性问题，提供了崭新的资料”，并被认为早于安阳殷墟的成熟文字甲骨文4 000多年，领先于素称世界最早的古埃及纸草文和两河流域的楔形文字，是迄今为止人类所知最早的文字雏形。

贾湖遗址也是世界稻作农业的主要发源地。在贾湖遗址内，发掘出我国最早的炭化稻粒及石磨盘、石磨棒、石镰、石铲等实物资料，表明8 000年前这里已培植了人工栽培稻，对研究中国稻作农业与粟作农业的分界，以及稻作农业的起源与分布和新石器时代早期原始先民的生产方式都具有重要作用。

贾湖遗址也是世界上最早的家畜驯养地。在贾湖遗址发现了猪和狗的骨头，经研究，世界上已公认狗的驯养家畜始于贾湖。国内外专家最新研究成果也表明，猪的驯化圈养也始于同时期的贾湖。在遗址内还发现有牛、猪及龟、鹤、天鹅等动物，研究价值极大。这表明贾湖人的生活方式已相当丰富。

贾湖遗址还是世界最古老的“酒”的起源地。中国科技大学博士生导师、贾湖遗址主要发掘人张居中教授与美国宾西法尼亚大学教授帕特里克·麦克戈温合作，通过对出土陶器上保存下来的沉淀物进行研究表明，9 000年前贾湖人已经掌握了酒的酿造方法，所用原料包括大米、蜂蜜、葡萄和山楂等。2005年7月，这一古配方已研究复制成功，并由美国人生产出“贾湖城”啤酒，引起了世人的高度关注。

贾湖遗址是在中国新石器时代早期规模较大、保存完整、内涵丰富、原始生态保存较好的一处远古聚落遗址。它所表现出来的独具特色、灿烂辉煌的贾湖文化是中华民族历史长河中第一个具有确定时期记载的文化遗存，是“人类从蒙昧迈向文明的第一道门槛”。作为9 000年前人类文化的象征，贾湖文化是人类文化史上的一座重要里程碑。

• 漯河郝家台遗址 •

1986年5月，漯河刚刚区划调整，因准备修建漯河至孟庙段京广铁路第三条线，在漯河市区北侧调查发现了郝家台龙山文化遗址。因铁路建设任务紧急，配合基建工程的大规模考古发掘迫在眉睫。1986年6月至1987年5月，河南省文物考古研究所在漯河市文化局、郾城县文化局及当地驻军的积极配合下，对该遗址进行了大规模的考古发掘，发掘面积3 213平方米，发掘出丰富的龙山文化中晚期遗迹和遗物，龙山文化层之上还有丰富的二里头文化遗存，这次发掘奠定了河南龙山文化郝家台类型的代表性文化遗存。

郝家台遗址位于漯河市郾城区沙北办事处石槽赵村东北的台地上，遗址平面为椭圆形台地，高出附近地面2～3米，总面积约6.5万平方米，京广铁路在遗址西南部由北向南穿过，大沙河位于遗址南1.5公里处，由西向东奔流而去。郝家台遗址历史上多有变迁，当地群众俗称其为“郝家台”，又因当地流传有王莽撵刘秀的传说，称当年王莽撵刘秀时，刘秀在此磕鞋倒土而成台，故又称“磕脚台”。其上曾建有“裴晋公庙”，以纪念唐宪宗时期宰

郝家台龙山古城

郝家台遗址

相裴度率兵攻打吴元济的历史功绩。

以郝家台为代表的龙山文化类型，主要分布在沙河、汝河、颍河流域，其分布范围西北至嵩山南麓，南到驻马店，东到沈丘乳香台，西至汝州煤山的广大区域，遗址面积一般较大，多分布在沙、汝、颍水流域冲积平原的台地上，有的称台，有的称岗。遗址面积有大有小，小者几千平方米，大者三至五万平方米，文化层堆积厚三至五米不等。文化内涵丰富，从地层叠压关系看，文化层中以龙山文化的堆积最厚，东部的平粮台、段寨遗址下部有大汶口文化晚期文化层，大部分遗址（平粮台、郝家台、王城岗、煤山）的龙山文化层又被二里头文化层所叠压。

郝家台类型的文化遗迹遗物非常丰富，主要有房基、灰坑、陶窑、水井、墓葬、夯土城址和壕沟等遗迹。

郝家台遗址经考古发掘，共清理龙山文化、二里头文化房基14座，灰坑310多座，墓葬90余座，夯土城址1座等，文化层堆积丰富，共分9层：龙山文化分5期，二里头文化分3期和商周战国文化层。

郝家台遗址出土文物丰富，生产工具石器有斧、铲、锛、镰、镞、刀等，骨器有凿、镞、鱼钩、针等，蚌器有刀、镰等。

陶器以灰陶为主，黑陶次之，有少量的蛋壳黑陶和红陶，纹饰以篮纹为主，其次是绳纹、方格纹，器形以矮足鼎、深腹罐、瓶、觚形器为特色，此外还有甗、盆、钵、圈足盘、刻槽盆、鬶、盉、豆等，陶器的颜色、纹饰、器形也因其时代早晚而变化。

根据郝家台文物遗迹显示，当时的房基盛行长方形排房，普遍使用土坯，平地起建或建于高台上，亦有少数圆形房。遗迹中最重要的是发现了一座龙山文化中期城址，城址平面呈长方形，南北长222米，东西宽148米，面积近3.3万平方米。现存城墙宽5米，高0.8米。东城墙中部有一个宽8.8米的缺口，也可能与城门有关。东城墙、北城墙和四个城角保存尚好，南墙和西墙分别被破坏，城内发现为数不少的房基、窖穴、瓮棺葬等。郝家台龙山文化城址可分五期，第二期为城址使用期。关于城址的年代，郝家台二期H122出土木炭经碳–14年代测定并经树轮校正为4 606±121年，相当于龙山文化中晚期。郝家台龙山文化城址的建城年代应在距今4 600年以前。另外，还发现有一座大型木板地面房基，是同期建筑基址中最为独特的发现，对研究这类建筑的功能及建筑发展史具有重大意义。

郝家台类型龙山文化遗址是河南龙山文化六个代表类型之一，它反映了4 000～5 000年嵩山以东黄淮流域的历史文化发展面貌，整个类型延续有五六百年。城堡的出现表明了私有制、阶级和国家的产生，也说明至少在河南龙山文化时期，中国古代文明史的序幕已经揭开，新的文明时代已经来临。

郝家台遗址还是中华文明探源工程预研究的重要项目和研究课题之一。2006年被国务院公布为第六批全国重点文物保护单位。2016年，《郝家台遗址保护总体规划》已由中国文化遗产研究院编制完成并呈报国家文物局审批，郝家台国家考古遗址公园及博物馆的建设正在积极推进中。

• 风俗独特的陈氏家族墓群 •

陈氏家族墓群位于漯河市源汇区大刘镇大陈村西南，墓地南北长148米，东西宽144米，面积21 300多平方米，墓地现存明清以来墓葬300多座。每逢春夏之交，墓园内古树林立，郁郁葱葱，野草丰茂，鲜花盛开，雾气腾腾。仅1943年前后所植柏树就有200余株，南边不远处，漯舞公路由东向西穿过。

陈氏家族墓地呈靴形。其家族埋葬习俗在中原地区别具一格，与众不同。人死后下葬不按辈分高低或家族远近，依照顺序去埋葬，而是实行风格迥异的抢穴埋葬方式，只要墓冢中间存在空隙，后人就可以埋葬。时间一久，因交错埋葬，谁家的直系祖坟在哪，没有任何人能够讲得清楚，自从元末至明清以后，陈氏家族墓地到底埋葬过多少陈氏后人，亦没有人能够说得清楚。

大陈村历史上名叫“风宪里”。据《陈氏族志》记载：陈氏家族系汉代“颍川四长”之一陈寔的子孙。汉代以后陈氏后裔在郾繁衍分殖各地。元代豫州大乱，先祖率族避处太行右。明太祖戡定中原，河南地旷人稀，于是迁归故土，濒居汝颍，诸陈大氏皆陈寔之后裔。

“明初有三老者，其堂兄五人，携族返归故居，定居紫岗乡（今空冢郭乡双庙陈村），而后由双庙陈频迁风宪里，已六百余岁。”

明代按察司是国家司法机构，嘉靖年间，陈玑任湖广按察司副使，属于风宪官，故大陈村又名风宪里。

据《郾城县志》及《陈氏族志》记载，风宪里地灵人杰，人才辈出。明、清两代有20余人任知县、知府或户部郎中、湖广按察司副使等职，受皇帝封赐达31人，并涌现出武举、岁贡、附生、武生等87人，多葬于此。

墓地原有碑楼，神道、石刻造像、墓志、碑刻众多，并有数座牌坊，大都建于明、清两代。

陈玑为明代大学士张居正的老师，曾任汉中知府、湖广按察司副使。他是大陈村陈氏族人的佼佼者。陈玑墓位于墓地中央，墓前立有仿古“御碑楼”1座。碑楼高大雄伟，碑楼内立碑刻5通。碑楼前置有明代石祭案3个，神道两侧石刻造像大多被毁，完整青石马仅留1个。陈玑墓东是其父母坟墓，墓西有其十一世孙陈伟勋、十二世孙陈金台之墓。

交龙御碑原立于明朝嘉靖十二年（1533），为陈玑父母加封而立。按明制，官至五品，皇帝为其父母加封，以表彰其为国家培育栋梁之材。交龙御碑碑额高0.99米，宽0.82米，厚0.22米，龙形碑额雕刻精致，中间镌刻篆书“奉天诰命”四字。碑身高2.28米，宽0.82米，厚0.22米，碑文字体为“台阁体”柳书风格，碑文首为“奉天承运，皇帝制曰……”，落款为“嘉靖十二年十月初八，制诰之宝”。碑座为赑屃造型，雕刻生动，与碑身、碑额浑然一体。如今，碑额、碑身保存完好，碑座无损。

历史上，陈氏家族墓多次被盗，最严重的一次是在“文化大革命”中陈玑墓连棺掘出，棺内所藏《郾城县志》被毁。《诰封奉政大夫陈公墓碑》《皇明诰封奉政大夫户部郎中陈公墓志铭》《明政陈宪使配曹宜人墓志铭》《溶州知州陈君墓志铭》《郾城陈君墓志铭》等被陈氏家族保存完好。《陈瑞琳郾城修太邱祠碑记》《郾城县重修儒学记》《重修忠武祠碑记》等被毁。《郾城县风宪里陈氏族志》详细记录了被毁碑记的内容。

《郾城县风宪里陈氏族志》分上、下两卷，最早创修于明代，清乾隆六十年（1795）之版本，分别于道光三十年（1850）、光绪末年、1943年续修。2005年1月第四次续修，这部族志对陈氏家族的起源变迁及家族先人的碑记、墓志、传略、寿言、哀启、祭文、履历、咨文等做了详细记载，撰载着600年间陈氏家族政治、经济、文化、教育诸项之发展，讴歌志士名家之功德，全面记载陈氏家族不同历史时期的发展变化。陈氏祖训共22条，每条都言出有章，“孝父母，友兄弟，教子女，和妯娌……”，陈氏家族的历史文化靠以德育人。《郾城县风宪里陈氏族志》是该家族的一部文化发展史，与漯河目前保存下来规模最大、历史延续时间悠久的陈氏家族墓群及相关文物和古树名木，是研究陈氏家族发展、变迁和当地农村民俗文化的实物见证。

• 大将军狄青冢 •

狄青冢位于舞阳县城东北6公里青冢集村西南角，冢高约7米，周长约250米，墓冢上下，杂树丛生，林木繁茂，风景宜人，蔚为壮观。

据《舞阳县志·古迹篇》（王德瑛纂本）载：“青冢集在城东北12里，狄襄公墓，故名。”另据《淮阳县志》记载，淮阳县城东北20公里的刘桥村西南，也有一处狄青墓，墓冢呈方形台地，长50米，宽20米，高5米，夯土筑成，俗称青冢或青堌堆。墓地东南3公里狄杨庄，为狄姓人家。而巩义市宋陵孝义区仁宗、英宗陵旁亦有狄青墓。山西省汾阳市城北十里的峪道河镇刘村村东也有一处狄青墓。这四处狄青墓冢，孰真孰假，因未考古发掘，很难确定。

但历史上，有关狄青的传说在舞阳一带流传很广，墓冢所在地，即以青冢命名，即青冢集。另据《舞阳县志》载：“县北四十里有马村及饮马湖，系狄青养马、饮马处。”传说今舞阳马村乡是狄青放马、养马之地，饮马处为一面积100多亩的水塘，当地称狄青湖，湖水清澈，碧波荡漾，内植菱角、莲藕，水鸭凫游，鱼儿翻飞。

据调查，狄青冢原高数丈，周围遍植松柏。墓前立有石碑，神道两侧并列有石马、石羊及文官武将的石刻造像，左侧还建有祠庙、享堂等建筑，至抗日战争胜利前，墓园已墙倒屋塌。至1944年，汤恩伯十三军驻扎河南时，为了建造营房，曾派兵扒毁祠庙，砍去古柏，至1958年“大跃

狄青冢

狄青冢

央视网
大将狄青死亡之谜

进”时，有人以扩充农田为名，将碑刻造像推倒砸碎，烧成石灰。

据《宋史·狄青传》载，狄青，字汉臣，汾州西河人。善骑射，初隶骑御马直，选为散直。宝元初，赵元昊反，诏择卫士从边，以青为三班差使、殿侍、延州指使。时偏将屡为贼败，士卒多畏怯，青行常为先锋。凡四年，前后大小二十五战，中流矢者八，破金汤城，略宥州……收其帐二千三百，生口五千七百。又城桥子谷，筑招安、丰林、新砦、大郎等堡……临敌被发，戴铜面具，出入贼中，皆披靡莫敢当。尹洙为经略判官，青以指使见，洙与谈兵，善之，荐于经略使韩琦、范仲淹曰：“此良将材也。”二人一见奇之，待遇甚厚。仲淹以《左氏春秋》授之曰：“将不知古今，匹夫勇尔。”青折节读书，悉通秦汉以来将帅兵法，由是益知名。

• 舞阳侯樊哙墓祠 •

樊哙墓位于舞阳县城北20公里的马村乡郭庄村内。据《舞阳县志·古迹》载：“樊侯墓在县北37里鲁奉保樊庄，即今华店（郭庄）。”《舞阳县志·艺文篇》

樊哙

"清查樊侯墓道归址序"中载："樊侯名……因勋戚封侯，食采舞阳，保首领以卒，葬城北樊村，即今郭庄。"

樊哙墓原来规模较大，墓冢占地1亩多，高约8米。新中国成立后，郭庄百姓在墓前建牲口屋，给牲口铺垫土就地挖取，久而久之，偌大一个将军墓几乎被夷为平地。现墓高仅1米多，与一般黎民百姓的墓冢相若。如不是明嘉靖十五年（1536）县知事古黄、知县张颖、县丞钱汝楫、主簿姚文豪等人立《汉樊侯铭》碑一通，后人很难想象这就是当年鸿门宴上威不可挡的大将军樊侯的墓冢。墓碑高2.2米，宽0.74米，厚0.26米，碑额、碑身为一体，碑为青石质，碑额无字，主题图案为阴刻二龙戏珠，龙首之下为如意龙头，碑额边沿为阴刻线装饰。碑身上碑文为双线阴刻楷书，上书东汉历史学家班固撰写的《樊侯铭》："猷猷将军，威盖不挡，操盾千钧，拔主项堂。兴汉破楚，娇娇忠良，卒为丞相，帝室以康。"碑身边沿装饰为阴刻忍冬蔓草纹。

据《汉书·樊哙传》和清道光《舞阳县志》记载，樊哙，沛（今江苏沛县）人也。初以屠狗为事，后与高祖俱隐于芒砀山泽之间，陈胜初起，萧何、曹参使哙迎高祖，立为沛公。因于鸿门拔剑排闼救主有功，刘邦立为汉王后，封哙为临武侯。还定三秦，迁郎中骑将，为将军。刘邦称帝后，因哙从命虏燕王臧荼，取楚王韩信有功，封为舞阳侯，世世勿绝。又因战襄国，破柏人有功，迁为左丞相。定食舞阳五千四百户。惠帝六年（前189），哙薨，谥武侯，葬舞阳城北樊村，即今郭庄。

舞阳县城原有樊侯城，为樊哙当年的封邑，《舞阳县志·古迹》载："樊侯城在城内西北隅，乃封邑故居，有城基存焉。"

樊哙墓前原有墙垣、享堂、神道、石刻造像、松柏等，早已荡然无存。墓西约300米处有"樊侯祠"旧址，为明邑令王近素重修。"文化大革命"期间，大殿

樊哙墓

及其他建筑被毁，旧祠内原有樊哙骑马塑像——“樊侯马鬣”，被誉为明清“舞阳八景”之一。祠内碑刻也多被作为建筑材料或铺砌过门石用。祠内现存千年古槐1棵，高约8米，主干3米多，围4.8米，苍劲古朴，生机盎然，绿树成荫。树身上苔藓青青，瓦松茂盛，是漯河目前保存下来为数极少的古树名木之一。

历史上，樊哙属传奇类开国元勋，声名显赫，历代墨客骚人题诗咏之者大有人在。晋代文学家陆机写有《汉高祖功臣颂》，其诗曰：“舞阳道迎，延帝幽薮。宣力王室，匪惟厥武。相干鸿门，披闼帝宇。耸颜诮项，掩泪寤主。”

• 楚国北方边塞要津：东不羹城 •

东不羹城位于舞阳县北舞渡镇西4公里的章化乡前、后古城村一带。历史上，这里地势险要，北有沙河天堑，南有灰河可依。东不羹城位于两河之交汇处，古城址轮廓清晰，保存完好，特别是四个城角尤为突出。据《左传》载：“楚筑二不羹，屯兵以拒中夏，此东城也。”《集解》曰：“颍川定陵有东不羹，襄城有西不羹。”汉定陵县、魏定陵郡皆设于此。2001年东不羹城被公布为第三批省级文物保护单位。

春秋末，诸侯称霸之势加剧，实力强大的诸侯国吞并弱小的诸侯国，以扩大地盘，壮大实力。为了加强对新征服地区的有效控制，诸侯王把地分赠其亲属左右。据《左传》记载：“（鲁）昭公十一年，楚子城陈、蔡、不羹，使弃疾为蔡公（平王）。”“灵王八年，使公子弃疾将兵灭陈。十年，召蔡侯，醉而杀之，使弃疾定蔡，因为陈蔡公。”从此，东不羹成为楚之要邑。

东不羹在当时为千乘之国。据《左传》载：“王曰：‘昔诸侯远我而畏晋，今我大城陈、蔡、不羹赋皆千乘，子与有劳焉。诸侯其畏我乎？’对曰：‘畏君王哉！是四国者，专足畏也，又加之以楚，敢不畏君王哉？’”

从军事防御需要看，西不羹城位于沙河北岸的襄城县，东不羹城位于沙河南岸，二者相距不远，互为依托，相互照应，可谓对中原虎视眈眈，进可以攻，退可以守。不羹城凭借沙河、灰河之天然屏障，在中原亦可算得上易守难攻的天险之国。西、南两面都有城墙的遗迹，当地百姓称之为外罗城、二道岭。内城三面基本依沙河顺势而行，故略呈三角形。南城墙长2公里多，东墙最短约300米，北墙和东墙的一部分沿沙河南岸顺势而筑，城西北

东不羹故城

东不羹城

角有约500米长的石砌护堤岸，往西一直延伸至李志村内。石护堤下有一深水潭，传说楚平王被葬于此潭，当地群众称之为石墓潭。据清道光年间王德瑛纂《舞阳县志·古迹篇》云“石墓潭，沙河南岸，紧依古城，石级砌底，东西长里许”，即指此。东不羹城周长约5.5公里，城内面积200多万平方米。

后古城地势突出，文化层厚4米多，发现有大量陶制涵管、柱础及周代绳纹板瓦、筒瓦、生活器皿陶片等，这个小城向北突出约200米，形成不规则的“凸”字形，与舞阳故城缺西北角的形状基本类同。

东不羹故城遗址面积大，文化层厚，文化内涵极为丰富，多年来，文物工作者在此发现很多文物。发现的文物青铜器有剑、带钩、车饰、铜钱、铜镜、鼎、编钟、铜镞、铜壶、双鱼洗等。铁器有刀、板斧、镢、铁口锸、铁盔等。陶器有夹砂红陶、灰陶；器形有甑、罐、瓮、盆等残片；完整的陶器有大口细颈素面陶瓶、红釉小陶罐、陶猪、陶鸡、陶马、陶俑等。在城的西北角发现有通向城外的五角形下水道，长约40米，每节下水道连接都覆盖有残筒瓦，下水道每段长0.45米。另还有三角形和圆筒形的陶涵两种。另外，这里还出土有楚国金币“郢爰”、小金粒、蚁鼻钱、魏韩铲币、秦半两、汉五铢、王莽大布黄千等。

从上述出土文物及遗迹看，东不羹城延续时间长，经历了春秋、战国、秦、汉等重要历史时期。直到东晋太元十五年（390），后燕将领慕容农讨贺耕于定陵，斩之并毁其城。即使如此，它仍是汝水流域之重镇。“更始元年（23）三月，成国上公王凤、太常偏将军刘秀夺定陵、郾皆下之，凤、秀下昆阳及二邑，多得牛马财物数十万，随以馈宛。”从文献记载看，东汉时期，这里政治、经济地位还相当重要。东晋以后因形势的需要，这里的地位被北舞渡两岸所取代。

历史上，东不羹城影响较大，常常吸引文人骚客慕名游览，以发思古之幽情。

• 郾城区城高遗址 •

城高遗址位于郾城区西北25公里处的城高村。这一带由南向北一连有4个村子：宋岗、梁庄、殿高和城高，隶属于郾城区裴城镇。据传商高宗曾在这一带活动。宋岗村原有寨，北门有高宗庙。梁庄村的一个农户家里，曾发现高宗庙的半截碑。明朝初年，从山西洪洞县迁来高姓移民，在高宗庙大殿旁建村，称殿高村。在北边一旧土城内建村，叫城高村，城高遗址就位于城高村一带。

据庙碑记载，商高宗庙始建于西汉武帝元光二年（前133），多次重修，其中明万历年间、清康熙年间重修规模较大，高宗庙里原有数十棵苍柏，遒劲挺拔。庙内有碑多通，传说在庙里石碑上磨馒头，小孩吃后可免灾。因此，每当三月三、六月六庙会及春节等节日，很多香客和农民便来赶会，带着小孩来磨馒头，日久天长，石碑被磨得光亮如镜，字迹也变得模糊不清。

城高遗址原名青龙城。原城为长方形，新中国成立前，城有东、南、西、北四座城门，城上有马面，东城门上面书“青龙城”三个黑字。

据当地传说，春秋时，城高城内住着一位楚王，南边凌云台上住着一位女王，两人为争夺地盘相互征战。有一次，女王把楚王打败，夜里在宫里召集百官饮庆功酒。楚王趁月黑风高进行偷袭，擒拿了女王，从此，楚王统治了这一块地盘。

多年来，经过考古调查，城高遗址南北长550米，东西宽371米，总面积为204 050平方米。城墙保存比较完好，高大巍峨，高出周围地面5～8.3米，城内文化层厚3米左右。城高的土城遗址分两部分，北边的较大，南边的较小，当地群众称南城和北城。城的四周有城墙，城墙上有城墙垛儿。

在城高遗址上，城墙夯土层清晰，夯土层上还有打夯时的夯窝，夯窝呈圆形，直径3～4厘米。春秋战国至汉代，人们筑城是用木棍整捆捆绑进行夯筑，凡夯过的土层上面便留下棍头砸留下的密密麻麻的夯窝，这是一种比较古老的夯筑方式。由于整捆木棍重量有限，所以夯层也比较薄而规整。城内还发现有大量的陶器和陶

城高遗址

器残片，陶器有陶鼎、陶豆、陶壶和陶罐等，纹饰有粗绳纹、细绳纹。出土的青铜器有商代的铙（乐器）、戈、剑等，铁器有釜。出土的瓷器有瓷盘、瓷碗等。另外还有货币出土。遗址北部、东部的断壁上有零星的蚌、螺堆积。另外在遗址北端还发现有大量的板瓦、筒瓦等建筑构件。遗址出土文物种类多，延续时间长。根据出土文物及遗迹来看，城高遗址应是商周至汉代时期的大型城址，具体是不是当地人传说中的“怀王城”，还有待进一步研究。

在当地民间，城高古城遗址原叫作青龙城。据说，此城是当地几个村的村民躲避兵灾匪患的地方，避难时，只要城上的人不说“人满了”三个字，人就只管往里进，十万八万也能容得下；一旦有人说“人满了”三个字，即使里面只有一万人，也再进不去了。当地的一些老人至今对此仍然深信不疑。

在距青龙城不太远的地方，还有一个青娥城，相传是商纣王为妲己所筑。根据出土文物判定，青龙城最早筑于商代，且在遗址四周断壁上发现有多处不同特征的夯土层，南北跨度较大，说明此城不同历史时期都进行过修筑。这对研究我国古代城池的变迁及春秋战国时期地方方国的疆域都具有重要的价值。

• 曹丕修筑行宫的传说地：郾城凌云台遗址 •

凌云台遗址位于郾城老县城西北17公里新店镇东、西台王村中间，经考古发掘，凌云台遗址南北长300米，东西宽270米，总面积为81 000平方米。据传三国时魏国在此修筑凌云台及凌霄宫，遗址四面被挖，形成四壁陡峭的凌云台。凌云台现南北长184米，东西宽164米，面积30 176平方米，高出周围地面约6米，现今凌云台为台王学校所在地。

据《三国志·魏书·文帝纪》载："（魏黄初二年）十二月，（曹丕）东巡，是岁修筑凌云台。"据《郾城县记》载："三国魏黄初二年（221）十二月，筑凌云台。为魏文帝曹丕次年至许昌宫巡幸而筑的行宫之一。"《中国古今地名大辞典》又载："西晋咸平四年（278），晋武帝司马炎巡幸至凌云台宴会百官。尚书令卫瓘佯醉卧床者以此。"在明代嘉靖年间的《郾城县志》中，有一篇明初翰林院大学士《永乐大典》主纂解缙写的《隐阳志序》中云："河南古豫州之境，大县郾城，魏起凌云台，虽草窃不足道，亦一时之胜哉！"

解缙死后200年，即明嘉靖三十二年（1553），由郾城知县杨帮梁主持编修、郾城举人赵应式编修的《郾城县志》对凌云台提出异议，在卷二《庙宇》篇中提到："魏文帝庙在县西凌云台，盖因凌云栅误立，当废。"明确提出后人曹丕在凌云台上建庙是一场误会。关于凌云栅，他说："凌云栅在县西北三十五里，吴元济立栅之所，旧志以为魏文帝所筑者，误也。盖栅，以高而立名台，以名而附会故耳。"

史载，唐元和九年（814），彰义军淮西节度使吴少阳死，其子吴元济匿而不报，自领军务，因俗袭父职未遂，纵兵作乱，焚掠舞阳、叶县等地，并割据蔡州，直接威胁东都洛阳。唐宪宗发兵讨伐，兵近9万，数年不克。中书侍郎平章事裴度请战，亲率大军驻扎郾城回曲镇（今裴城村），吴元济为抗拒裴度东伐，曾驻军凌云台，并筑大栅于台上。后在裴度攻打下，吴元济弃栅逃入蔡州，故这里又称"凌云栅"。

凌云台传说

那么，曹丕修建的凌云

台在哪里呢？据《三国志辞典》载："凌云台，魏文帝曹丕所筑，在洛阳明光殿之西，台上建筑全为木结构，高二十三丈，登台可观山川秀色。"《中国历史地名辞典》载："凌云台在今河南洛阳东北汉魏洛阳城内。"北魏三大名著之一的《洛阳伽蓝记·瑶光寺》载："千秋门内道北有西游园，园中有凌云台，即是魏文帝所筑者。台上有八角井，高祖（北魏孝文帝）于井北造凉风观，观东有灵芝钓台。"

从上述史料记载看，魏文帝曹丕建造的凌云台不在郾城，而在洛阳。郾城的凌云台是唐朝叛将吴元济的军事基地或防御工事，即凌云栅，台是由凌云栅附会而成名的。今天我们看到的凌云寨，只不过是当地群众为避捻军而把凌云栅改成凌云寨而已。据寨上石碑所载，台上曾修建三官殿、祖师殿、无梁堂等道教建筑。辉煌时期，这里"庙宇辉煌，阁栏回曲，宛若另一洞天"。从远处看，凌云台猝然起于苍茫之中，奇峰突起，层峦叠嶂，风光无限。

其实，从考古调查看，凌云台是一处原始社会晚期新石器时代的文化遗址。其四周断壁陡峭，文化层堆积丰厚，内涵丰富。从断壁上可明显看出灰坑、红烧土层、石器、陶器残片及人骨、动物骨骼。历年在遗址上采集的文物标本：石器有锛、凿、斧、镰、刀、铲、弹丸等。陶器有鬲、豆、碗、纺轮、罐等，灰陶为主，红陶次之，黑陶少量。纹饰多为绳纹、篮纹、方格纹，附加堆纹、弦纹等。骨器有骨锥、蚌镰、骨镰等。

凌云台遗址是淮河流域沙澧河水系一处重要的新石器时代晚期河南龙山文化遗址。遗址面积大，文化堆积厚，内涵丰富，遗迹暴露明显。它对研究河南龙山文化的社会性质、生产生活状况等，都具有十分重要的价值。

• 漯河文物藏品 •

唐双鸾啣绶镜

现藏舞阳县博物馆。铜质，直径24厘米，沿厚0.5厘米，重1.35千克，黑漆鼓色，正面磨光，背面为半圆形纽。主题纹饰分内、外两区。内区以纽为中心，左右对称饰二对称的口衔绶带的凤鸟，凤鸟展翅欲飞，爪下饰花枝，上下饰宝相花图案。外区比内区稍厚，一周均匀地施八朵折枝花卉，边缘突起，铸成葵花形。

该镜镜面较大，保存完整，纹饰古朴简洁，画面图案所饰鸾凤反映了鸾凤呈祥的美好愿望，具有较高的科学和艺术价值。

战国青铜戟

1980年征购于舞阳县西街废品收购站，现存舞阳县博物馆。铜质，戈矛分铸，可合可拆。矛长19厘米，内长8.7厘米，援长15.5厘米。胡较长，上铸三穿，直内，上有一穿。整体重520克，青铜色。矛中空，直径2.5厘米，顶部磨成四棱的锋，一侧有缝隙，靠上有横穿，内和栏可插入矛内。戈双脊，援、胡上皆有刃。可识辨的铭文：一面为“王十二年南阳田匠工×××”，另一面为“武库”二字。款识用很细的工具镂刻而成。

战国青铜戟

戈矛合铸的戟非常罕见，其上镂刻的铭文与郑韩故城窖藏内出土的戟，形制大体相同，应为韩国兵器。春秋晚期，舞阳为韩国疆域，后为楚所灭。此戟的发现对研究楚、韩在舞阳的活动及当时的冶炼制作技术有一定的参考价值。

商弦纹铜鬲

1981年10月，征购于舞阳县北舞渡镇，现存舞阳县博物馆。该器为铜质，通高46厘米，口径33厘米，重11千克，青黑色。其形制为折沿圆唇，口沿铸成叠瓦状纹饰，鼓腹分裆，三锥状足，颈饰弦纹三周，腹上饰三组双线人字纹，造型厚重古朴。该器物出土于沙河南岸，接近商代活动中心地区，在沙河流域的闫刘遗址、白马寺遗址等商代遗址上，都发现了不少二里岗时期的陶片遗物等，此器对研究商在沙河流域的活动提供了重要材料。

宋临汝窑青瓷碗

由舞阳县莲花镇蔡春安捐献，现存舞阳县博物馆。瓷质，通高10厘米，口径22.5厘米，足径6.4厘米，重820克，豆青色，口缘稍泛黄。侈口，圆唇，腹较深，

宋临汝窑青瓷碗

圈足，内通体施豆绿釉，外部施釉至足部，灰红胎，釉色莹润，此器对研究临汝窑的烧造工艺具有较高的参考价值。

清哥窑贴龙瓶

现藏源汇区文化馆。通高56.9厘米，侈口，长颈，溜肩，鼓腹。最大腹颈在肩下部，底内凹，圈足。颈部贴饰对称干枝梅耳一对，瓶正面贴二龙戏珠，背面贴单鹤展翅叼玉佩。通体为灰白釉，冰裂纹开片。底中心饰方格款“成化年制”。

宋白釉刻花瓷枕

现存源汇区文化馆。素胎瓷，通体饰白釉，枕为空心。纵宽25.2厘米，横宽23.5厘米，最厚处9.5厘米。枕面呈椭圆形，微凹，前低后高。枕面以双线为边框，内用竖直线分隔成三区，左右区分别饰云纹，中间区刻“白云风散尽，红叶水浮来”诗句，均采用阴刻手法。

清乾隆什锦开光瓷碗

现藏源汇区文化馆。通高7.2厘米，口径19.3厘米。侈口，折沿，弧壁，圈足。碗内施白釉，碗外施红釉，有对称四开光，开光内用粉彩各饰一种折枝花卉，开光之间用金丝绘有变形花草。碗底有方格青花款“大清乾隆年制”。

漆器双耳杯

1997年2月，由临颍县公安局移交县文化馆。2004年临颍县文物管理所成立后，由文物管理所收藏。时代为西汉。杯长13厘米，宽10.5厘米，重175克。椭圆形，两侧均为月牙形耳，圆唇，小平底。杯内髹红漆，用黑漆书写“君幸食”三字，字的两侧绘四纹，口缘内侧饰黑黄漆弦纹两道，外壁和底施髹黑漆，光素无纹饰。两耳和口缘外部朱绘菱纹和一道弦纹。

行军万户之印

1984年采集于舞阳县保和乡宋楼村，现藏于舞阳县博物馆。金代，铜质，通高4厘米，纽高2.5厘米，印台边长5.7厘米，厚1.5厘米，重515克。印台、印纽呈梯形，印面呈方形，上铸刻杂叠篆“行军万户资字号之印”。该印为金代官印，字迹清晰，美观大方，运用浅浮雕、线刻等工艺，对研究金代官职制度有重要的参考价值。

■ 宋珍珠地瓷枕

1982年出土于河南省舞钢市嘴头王村，现存舞阳县博物馆。宋代，素胎瓷质。通高8厘米，面最广处19厘米，面最宽处14.2厘米，底最广处14.5厘米，底最宽处12厘米，重900克。枕面呈扇面形，枕面大于枕底，呈梯形。枕面绘花卉图案，腹部绘一周变形花草环形图案，底未施釉。该瓷枕造型优美，做工细腻，采用了工笔、描彩等工艺技法，形象逼真。

■ 篮纹陶鼎

1972年采集于舞阳县吴城镇大悲寺遗址，现藏于舞阳县博物馆。新石器时代中期仰韶文化时期。高22厘米，腹围67厘米，口径19.8厘米，重1 250克。夹砂陶质。敞口，方唇，折沿，束颈，圆底，鼓腹，通体饰篮纹，三足上饰压印纹。通体红色。该鼎烧制考究，纹饰美观，采用轮制、拍印等工艺，充分展示了新石器时代舞阳制陶技术的成熟。

■ 唐葵式花鸟镜

银灰色，球形纽，纽两侧有一对展翅欲飞的鸾凤，鸾凤口衔花枝，纽下为一花枝，枝上立一鸟，口衔花蕾，外区饰蜜蜂，蜂与花枝相间。

■ 汉鸟兽纹规矩纹铜镜

出土于舞阳县保和乡卸店村。圆形直径，银灰色，球形纽，柿蒂纹座，纹饰分四层纹带，内区为一对峙的鸾鸟，外区铸铭纹一周，铭为“来言之纪自镜始，青龙左居自霓右”。铭带外饰规矩纹，间饰八个乳钉，纹饰间饰有飞鸟、走狗、羽人、朱雀、白霓、怪兽等图案，镜外沿饰一周锯齿纹图案，图案外饰“长宜子孙”四字，字间饰云气图案。

汉鸟兽纹规矩纹铜镜

商兽面直内戈

商兽面直内戈

无胡无穿，双面刃，内上饰兽面花纹，刃部锋利。

青铜戟

1985年征集于舞阳县西街废品收购部。战国时期，通长24.5厘米，矛通长19厘米，重500克，援呈弧形，锋窄长，长胡，栏侧三穿，内上一穿，双面刻画铭纹，一面刻“武库”二字，另一面为“五十五年南阳毋工口”字样，字迹雕刻细微，个别辨认不清，戟由戈与矛合为一体，矛中空，戈插入矛中。

弦纹鬲

商代，铜绿色，高32厘米，口径20.3厘米，腹围69厘米，重3 750克，折沿，鼓腹分裆，锥状足，双直耳立于唇上，腹上饰二组双线人字纹，1980年发现于北舞渡一大队。

宋临汝窑瓷碗

发现于舞阳县北街，豆青色，通高10厘米，口径22.7厘米，底径6.4厘米，重800克，敛口，小圈足，轮制规整，内外通体施豆青釉，釉色莹润。

商青铜爵

出土于舞阳县吴城镇北高村，1983年由北高村村民高全兆发现。爵通高20厘米，腹径6.1厘米，重750克，前流后尾，沿上有两个圆形柱，柱顶饰满纹，深腹，壁较直，环底下有三个三棱尖状足，一侧刻兽面纹，上腹饰三道弦纹，另一柱外侧饰有号和“TY”铭纹。

阿岗寺遗址

胜景掠影

——食品名城 字圣故里

漯河是全国优秀旅游城市、中国最佳生态旅游城市、国家园林城市、国家森林城市、影响世界的中国文化旅游名城，旅游业正处在大发展、快发展、加速发展的时期。旅游接待条件明显改善，服务水平显著提高，旅游景点和线路及与之相配套的设施正逐步形成完整体系。全市现有AAAA级旅游景区5家，AAA级旅游景区2家，AA级旅游景区1家，全国农业旅游示范点2家，星级饭店11家，国际、国内旅行社39家，旅游产业结构基本健全，旅游产品结构已从单一的观光旅游发展成为观光、度假和生态旅游相互促进的格局，形成了特色工业游、特色乡村游、特色文化游和生态休闲游四大旅游品牌和多条旅游线路，集中展现了漯河特色旅游资源。

• 共产主义小社区：南街村 •

南街村，国家AAAA级旅游景区、全国工农业旅游示范点、全国休闲农业与乡村旅游示范点，位于河南省漯河市临颍县，京珠高速、107国道均可到达，距漯河市25公里，是以人文景观为特色的共产主义小社区。从20世纪80年代开始，南街村坚持用毛泽东思想教育人，坚持走集体共同富裕的道路，并且在发展中提出“坚持外圆闯市场，严守内方治南街”的发展方略，经过多年的探索与发展，集体经济增长2 100多倍，成立了国家大型一级企业——河南省南街村集团，拥有现代化企业26家，年产值突破16亿元，使一个昔日贫穷落后的村庄变成了一个农业机械化、农村城市化、生产企业化、企管军事化、消费供给化、思想革命化的社会主义新农村。

南街村有回、汉两个民族805户，3 130口人，占地1.78平方公里。南街村党委于2003年提出了“发展旅游经济，带动第三产业”的战略思想。通过党委班子认真研究，一致认为发挥自身已经具备的旅游资源优势、大力发展旅游产业是一条推动南街村集体经济多元化发展的较好途径。旅游业的发展不但对旅游客体（景区）的环境条件、基础设施、文明程度、文化内涵、服务水准等都有较高的要求，而且还对旅游客体的建设具有特殊的推动作用。于是，承载着南街村“两个文明”建设重大使命的南街村景区应运而生。现

央视网

理想主义的日子——南街村

南街村

已建成工业园区、高新农业园区、村民住宅游览区、文化景区、文化教育游览区、广场文化展示区、热带珍奇植物游览区和革命传统教育区等。核心景区以其独特的发展模式、教育理念、发展方针、分配办法、生活方式及创建共产主义小社区伟大实践为特色，展示了南街村独特的红色人文景观。可参观的景点有图书馆、档案馆、陈列馆、影视厅、会议室、接待室、东方红广场、一步二石三眼井、希望戏曲学校、职工食堂、南街村调味品公司、耐可达彩色印刷有限公司、汽车运输公司、河南麦恩食品有限公司、食品饮料公司、村民住宅区、幸福长廊、朝阳门广场、仿古城墙和南街村幼儿园等。所有景点都能体验社会主义新农村独有的乡村都市魅力。

热带珍奇植物游览区占地面积9 980平方米，投资770万元，包括各类花卉、热带雨林园、百果园、青竹园、沙漠园、农家园等，使身处北方的游客到此即可领略怡人的南国风情。革命传统教育区占地面积26 496平方米，投资2 000多万元，内设四卷楼、毛泽东故居、求学之路、黄洋界、遵义会址、延安宝塔、西柏坡等仿建景观，是对广大青少年进行理想信念、爱国主义教育的理想基地。休闲娱乐区的长城望月、石桥观鱼、城楼夜色、林中休憩和广场文化等美景，让游人流连忘返。

• 漯河的母亲河：沙澧河风景区 •

在漯河市的地貌图上，两条清澈的河流在市中心交汇后缓缓东流，她们就是让漯河儿女魂牵梦萦的母亲河——沙河、澧河。放眼望去，万里长空，碧天云净，玉河缓流。

一城春色半城水，两河四岸景醉人。国家AAAA级旅游景区、国家体育公园沙澧河风景区的建设，造就了纵贯漯河89公

沙澧河交汇处

沙澧河交汇大景

里的丰富多样的自然生态，体现了北方水城厚重悠久的历史文化，形成了人、水、城的相依相融，使沙河、澧河两河四岸成为独具滨河特色的风景长廊、生态长廊、文化长廊和休闲长廊。沙澧河风景区被誉为“河南省最浪漫的休闲家园”，沿河八大主题公园西湾晨霞、芳风雅颂、览古涵远、醴泉夕照、濠濮快意、馥风澄爽、青岫写秋、揖峰霍画构成景区核心。

景区内乔木灌木相拥，四季花开，河水荡漾，草木葱郁，是城市中的一片绿洲，更是休闲、度假的怡人佳境。碧水、蓝天、绿地、城市共生共荣，充分展示了漯河这座魅力之城、活力之城、和谐之城的独特风貌，充分体现了人与自然和谐相处的生态宜居环境，打造了一个能够亲近自然、融入自然、享受自然的好去处。

沙澧河畔老槐树

• 中原知名景区：开源景区 •

漯河市开源景区是国家AAAA级旅游景区，位于市区西南部，西邻107国道，东傍京珠高速公路，南接南环路，是集自然风光、人文景观、科学教育、休闲娱乐和郊野度假为一体的休闲娱乐区。

景区占地1 000余亩，绿化面积350亩，水体面积150亩。景区包括神州鸟园、河上街古镇两部分，其中的神州鸟园是一座以鸟文化为特色的现代公园。神州鸟园东临河上街古镇，环抱一湾月牙状碧水，有白鹭园、喜鹊园、孔雀园等主要观赏景区21个。漫步整个神州鸟园，可以在鸟语林聆

开源景区

听鸟语，近距离观察鸟类形态；可以在远古鸟园探寻鸟类发展史；可以在仙鹤园、沙漠鸟园、南美风情鸟园观察、拍摄截然不同的鸟。

河上街是一条观光购物街，汇集了全国各地的旅游产品。古镇的传统手工艺传承千年，仿古建筑、老街格局，都让人仿佛瞬间穿越到古代；河上街与旁边的神州鸟园隔荷花池相望，园区内亭台楼榭与假山秀水相互映衬，更显幽静。此园以漯河河上街历史为背景，汇聚中原民俗文化，荟萃古典建筑风格。游人在牌坊楼、受降亭、炮楼、钟楼、鼓楼中游走，在绣球楼、演武场、书场、戏台感受表演中的河上街历史。

开源景区同时也配套建设有中华名吃一条街，全国各地名优美食如全聚德烤鸭、东来顺涮羊肉等齐集于此，整个景区已经成为一处集旅游、购物、休闲为一体，提供吃住行游购娱一站式服务的中原知名景区。

• 天下第一桥：小商桥景区 •

小商桥景区是国家AAAA级旅游景区，位于临颍县皇帝庙乡商桥村，是依托全国重点文物保护单位，有“天下第一桥”美誉的中国最早的石拱桥——隋代小商桥修建而成的，现有八卦阵、小校场、渔舟岛、杨再兴陵园、《满江红》石刻、小商桥、凤凰台、桥文化馆、驿站、百名将军题词碑廊、英烈堂、宋金人物和兵器馆、将军坊、古碑、享堂、墓冢、诗山、壮怀殿等重要景观，其中百名将军题词碑廊，是国内少有的将军题词碑廊，在此可以欣赏到中国现代150多位将军的墨宝，可以在遒劲有力、神韵超逸的字词名句中感受将军们保家卫国的赤子忠心和无畏情怀。

小商桥造型优美，结构合理，雕刻华丽，建造历史久远，具有较高的历史、科学和艺术价值，从而引起了诸多专家、学者的高度重视。著名的桥梁专家茅以升先生经过精心考察，得出小商桥比河北赵州桥还要早20年的结论。小商桥造型优美，结构严谨，做工精致，是世界桥梁建筑史上的一朵奇葩。小商桥是一座坦拱敞肩的石拱桥，与河北赵州桥的结构基本类似，所以专家们推断，此桥可能是赵州桥的实验桥。桥长21.3米，宽6.45米，主孔净跨12.14米，桥体由一主拱与两腹拱组成。主拱的主孔和两侧腹拱的小孔均为20块红石拱券并列而成。各块拱石之间由咬铁相连接。可以看到，主拱、腹拱的两侧通身都雕刻有天马彩云、云龙、莲花、牡丹及几何等图案。主拱正中龙门石上的那个浮雕为传说中的一种猛兽，名字叫作饕餮。另外，主拱与腹拱的连接处也各有一兽头

最古老的拱桥
——小商桥

小商桥

伸出，北端为龙，南端为龟。这些雕刻图案形象怪异，风格古朴，工艺精湛，为研究我国的古代石雕艺术提供了重要而又丰富的实物资料。小商桥的桥墩是由经过细致打磨的六层石条砌成的，表层光滑，砌体整齐。经测量，两侧的桥墩至今仍在同一水平线上，并未发现有不均匀的沉降现象。桥墩最上层石条的四角各雕有一力士形象，力士双手按膝，怒目圆睁，两腿叉开作扛拱状。小商桥原位于历代官道上，是沟通南北的要冲。建成至今虽历经1 000余年的风雨沧桑，但是由于该桥结构合理，石质选材好，又经唐武德、元大德、元皇庆、清康熙年间的多次维修，至今保存尚好。

与小商桥相隔不到500米就是杨再兴陵园。杨再兴，江西人，南宋名将岳飞的部将，他在抗金战争中，身先士卒，屡建战功，很快就成为一名骁勇善战、深受士兵拥护的将领。宋高宗绍兴十年（1140），金人南侵，不到一个月时间，河南土地又沦入金人之手。这时，岳飞由襄阳统师北上，一举夺回了邓、唐等大片领土，又大败金兵于郾城。郾城之战后第三天，双方屯兵小商桥，杨再兴因杀敌心切，误陷小商河，被金兵乱箭射死，壮烈牺牲，焚尸后得箭头三升。岳飞激愤，挥笔作《满江红》倾吐悲志豪情，并以枪尖刻“杨再兴坟墓”墓碑，将其安葬于小商桥河畔。

蓦然回首，古桥已经伫立千年，桥立千年而不倒，正如将军的赤胆忠心永垂不朽。

• 字圣故里：许慎文化园景区 •

1 800多年前，在漯河这块积淀了千年历史文化的土地上，诞生了我国东汉时期的经学家、文字学家——许慎。许慎编撰了我国乃至世界上第一部字典——《说文解字》，开启了文字学研究的先河，成为打开中华汉字大门的一把钥匙。1 800多年后的今天，许慎和他的学术成果仍然影响和惠及着我们中华儿女，他被后世学者誉为“文字学鼻祖”，被尊称为“字圣”。

为了彰显“字圣”的伟大功绩，漯河市依托全国重点文物保护单位许慎墓规划建设了许慎文化园景区，属国家AAAA级景区，占地150余亩。全园主要以许慎文化为主题，由广场服务区、中心展示区、墓

字圣殿全景

冢保护区三大功能区构成，景区内建有六书石柱、汉字大道、字圣殿、金榜石、状元堂、字圣碑林及5D影院等景点和游乐设施。

走进许慎文化园，首先映入眼帘的便是宽阔的“六书”石柱广场。六根立体梯形的花岗石柱排成两行，分列东西，凝重伫立，气势端庄，上面分别刻有许慎在《说文解字》中归纳的“指事”“象形”“形声”“会意”“转注”“假借”六书理论。走过六书广场进入园内，便是汉字大道，一条绵延的汉字大道，向游人们展示了汉字的演变过程。汉字大道的尽头，就是字圣殿，气势恢宏，高大雄伟，无不透露着古代建筑特有的浑厚端庄气象。殿内正中，是一尊高大的饰有金箔的许慎坐像，那金箔正是后人对他敬仰爱戴的具体体现。现在，许慎文化园已经成为祭祀先贤、探究汉字、学习经典、探知览胜的一方佳境。

许慎墓全景

沙澧春天生态园

沙澧春天生态园

沙澧春天生态园位于漯河市西城区，毗邻京广高铁漯河站，107国道与原241省道（现329国道）交汇处西3公里。景区始建于2013年9月，总占地面积1 000余亩，规划总投资近3亿元，是漯河市政府重点扶持的都市生态农业观光旅游建设项目、国家AAA级旅游景区、全国休闲农业与乡村旅游示范点。

沙澧春天生态园致力于打造都市休闲与乡村旅游景区项目，以科技创意农业为主题，以现代农业技术为支撑，以“北斗七星”鸟巢温室综合体为主体，以花海景观为衬托，突出农业观光、生态循环、科普教育、农耕文化、太空文化、中医养生文化等元素。共分为花海观光区、生态餐饮区、特色水果种植区、太空文化遨游区、农耕文化展示区、科普教育区、农业科技体验区、中医养生文化区、儿童拓展区、绿色烧烤区等十大功能区，是春观光、夏露营、秋采果、冬赏雪的都市休闲与乡村旅游胜地。

·陈星聚纪念馆·

陈星聚纪念馆位于陈星聚的故乡——临颍县台陈村，是国家AAA级旅游景区，景区占地30余亩，分为景观区、展览区和墓园区三部分，建有享堂、牌坊、正门、掖门、生平陈列室和石桥等建筑。陈星聚纪念馆是在陈星聚墓园的基础上扩建而成的。

陈星聚墓位于临颍县城南6公里的台陈村西南陈氏祖茔内。祖茔南北长55米，东西宽30米，墓园原占地面积为1 650平方米。墓前原有华表、碑碣，墓道两侧有石人、石狮、石马、石羊、石猴等石像，姿态各异，形象逼真。墓园内翠柏森森，肃穆壮观。1958年和1965年，陈星聚墓区两次遭到破坏，现仅存陈星聚墓冢和墓碑、陈星聚祖父陈肃雍墓冢和墓碑及陈氏家族其他坟茔。石刻造像大部分已不存在，陈星聚祖父墓前现存青石祭案两个，雕刻精美，保存良好。

陈星聚去世后，当地军绅和广大老百姓为怀念他，在台北修建了“陈公祠”以示纪念。台北各界人士联名奏请清政府追封他为三品道台，并为墓园树立“御赐祭葬如例”蛟龙碑一通。清光绪十五年（1889），陈星聚的遗体由海运转水运至西华县逍遥镇，又陆路转运到故里临颍县

陈星聚纪念馆

安葬。

进入新世纪，在祖国大陆反独促统、创造和平统一台湾的历史背景下，国家高度重视陈星聚在对台统战工作中的重要作用，在各级政府的高度重视下，陈星聚墓园重建，并建设陈星聚纪念馆。2009年3月，新的墓园建成并对外开放。墓园东西宽70米，南北长256米，建有山门，面阔3间，进深1间，两进四联石碑坊，高8米。大殿面阔5间，进深3间，为新建单檐歇山顶木结构建筑，殿内供奉陈星聚铜像；神道碑与保护标志牌分立大殿两侧；东西两侧陈列室面阔各7间，进深1间，内置陈星聚英雄事迹陈列展；另建有凉亭和碑廊。2008年6月，陈星聚墓园被公布为省级文物保护单位。

陈星聚纪念馆是一处爱国主义教育基地、促进祖国统一的平台、弘扬中原文化的载体、推动旅游发展的重要景观。

• 化身台兴国寺景区 •

化身台兴国寺景区位于郾城区龙城镇李湾村北约1公里处，紧邻郾襄公路。化身台东西长180米，南北宽约130米，高约8.3米，总面积约23 400平方米，兴国寺就建在高台之上，占地20余亩。寺内主建筑有天王殿、千手观音殿、大雄宝殿。配套建筑有地藏殿、三圣殿、送子观音殿等，另有一棵500余年的白果树。

化身台兴国寺台高寺巍，四周空旷，景色秀美。每月农历初一、十五为“佛欢喜日”。当天，近千名香客云集寺内，上香祈祷，佛门弟子击鼓诵经，气势宏大，香火兴旺。该寺临近沙河，风景秀美，是漯河市仅有的一处集古建寺院、现代游园、人文景观、生态农林为一体的修身养性、旅游休闲胜地。为什么叫化身台？这里传说有二。

传说一：很久以前这里有一对新婚夫妻，结婚不满三日，丈夫便应征去边关服役，一去便杳无音信。其妻思夫心切，每日抱石垫于脚下，以望夫归。日复一日，年复一年，她从青丝少女变成满头白发的老太婆也未望到丈夫的归来，绝望、痛苦的她放声长号，泪眼喷血，立身而死，故名化身台，也叫望夫台。

传说二：化身乃佛教用语，即化身成

化身台兴国寺

佛之意。唐代兴盛佛教，这里的弟子为信佛而聚众建台，台上建一寺院，又名兴国寺。因台高寺巍，加上香客长年不断，故终日烟雾缭绕，远远望去，云蒸霞蔚，犹如琼阁仙景。到了明代嘉靖年间，有一香客专门从远处移来一棵白果树植于台上，使台上更添风景。特别奇怪的是，此树能预兆时运年景，它哪方的枝条长得茂盛，哪方便马肥牛壮、五谷丰登；相反，若伸向哪方的枝条干枯，哪方的土地便非旱即涝，灾荒难躲。有一回，这棵树连续三年枝枯叶干，结果这三年里方圆几百里遭受大旱，庄稼颗粒无收，灾民流离失所，饿死了不少人。第四年，这棵树又奇迹般地长出新芽，这一年，这一方的庄稼也出现了前所未有的好收成。从此，这棵树便被人们称为“神树”，人人呵护，个个膜拜，凡人不敢动它一枝一叶，所以这棵树至今仍枝繁叶茂。

美丽爱情故事传说发生地：化身台

化身台筑于何时，历史上没有记载且无从查考。据文物部门钻探考查，发现其地下有新石器时代的石器、陶器等，说明它的历史非常久远。如今的化身台是市级文物保护单位，它邻近沙河，台上新修的寺院游人如织，香火不断，目前已成为人们向往的游览胜地。

• 颍川谯楼 •

谯楼，又称钟鼓楼，即历史上建造在城门之上用以远望的瞭望楼。世之筑城，必建谯楼，此乃汉之遗风。谯楼内每悬巨钟，昏晓撞击，使臣民闻之而生儆惕之心。天下晨昏钟声，数皆一百〇八，而声之缓急、节奏随地域各殊。颍川谯楼位于今临颍老县城内东大街北侧，旧县衙门前（今人民法院门前），面对南大街，占地140平方米。

颍川谯楼为拱门坐基砖筑楼台式建筑。2007年，谯楼经过维修，宏伟壮观。谯楼位于拱门平台上，楼高10余米，拱门平台东西长14.7米，南北宽9.5米，高6米。其中拱门洞宽3.5米，高4米，深9.5米。拱形门洞可通车马行人。拱门南面上方镶嵌青石匾额一块，上书“谯楼”二字。拱门北面上方镶嵌“颍川古郡”阴刻青石额一方。新中国成立之初，人民政府在拱门上建一角亭，“文化大革命”时，亭被拆毁。

据1916年《重修临颍县志》载，谯楼始建于明代洪武三年（1370）。明嘉靖八年（1529）《临颍县志》载：“谯者，楼之别名也，谓为高楼于门上以望远，故曰谯楼。其楼之美丽者，则又曰丽楼。”明景泰二年（1451）重修谯楼，架层楼高5

颍川谯楼

丈，铸钟2 000斤，增置鼓大十围，民兴寝之便焉。又云“郡邑有谯楼，昼则谨时刻，夜则平鼓角，所以惊动人民之视听，而时作息之节”。明成化十五年（1479）和嘉靖三十九年（1560）曾重修。明天启年间知县靳光先将大门东西两侧改建为钟鼓二楼。明末毁于兵燹。

清康熙二年（1663），知县李馥先用景泰旧址而重建之，仍谓之谯楼。上为宫殿式楼房，面阔3间，进深2间，四角高挑，双层飞檐，挑角之下悬挂风铎，风吹作响。周围有10根明柱支顶，下为四周砖砌花墙平台。因年久失修，楼房已废。2007年，谯楼经过重新修建，又恢复了往日巍峨壮观的景象。

历史上，颍川谯楼可谓古郡一景，文人墨客赞之有加。清乾隆年间临颍知县刘沆曾写诗咏之曰：“颍川衙署瑞葱葱，门外谯楼势更隆。暮鼓唤回犁雨叟，晨钟惊起织云工。一天朗月飞檐里，四野祥烟画栋中。览胜偶来台顶上，满城歌笑散春风。”

颍川谯楼和旧城门是豫中南保存下来为数极少的明清谯楼和古城门，对研究明清古城门结构具有重要的历史研究价值。为加强对这座谯楼和古城门的保护，1973年，临颍县人民政府将其公布为县级文物保护单位。2008年，漯河市人民政府又将其公布为市级文物保护单位。2016年，河南省人民政府又将其公布为第七批省级文物保护单位。

• 临颍山陕会馆 •

临颍山陕会馆位于漯河市临颍县老城西南隅，现为临颍县一高所在地，南临著名的南街村。

清代至民国时期，临颍县农村纺织业发达，“颍绸”“颍布”驰名全国，远销西北各地。城内布行林立，吸引着各地客商云集此地。代客收购布匹的，尤以陕西、山西商人为最多。布行为了公议同行业的各项规程，需要集会场所。而布客们也为了联络乡谊，共同集资，并按收一匹布抽一文钱，筹资修建了宏伟壮丽的山陕会馆，因位于县城西部，当地也俗称为西会馆。

山陕会馆始建于明末，清雍正年间

增建戏楼。会馆坐北朝南，面向城墙，后门朝北，临会馆街。大门前有一对铁狮子雄踞两侧。会馆建筑有戏楼、钟鼓楼、拜殿、大殿和东西配房等。

戏楼面向院内，挑角飞檐，前场宽阔，可容观众数千人，为当时临颍县城最大的戏楼。

拜殿与戏楼相对，面阔3间，进深3间，面积115平方米，为单檐歇山顶如意斗拱建筑。殿顶用绿色琉璃瓦覆盖，脊兽神态各异，殿内雕梁画栋，匾额众多，其中最大的一块匾额刻着“文圣武神”四个斗大金字，苍劲雄伟，引人注目。拜殿两侧各建耳房一间，为硬山顶砖木结构。1921年拜殿失火被毁，后又重修，年余竣工，不仅恢复了原貌，较前更为壮观美丽。前檐下雕刻游龟山、藏舟、投衙、五堂会审等故事情节，生动传神。

拜殿两侧是钟鼓楼，楼角悬挂风铃，微风吹来，叮当作响。

拜殿后面是大殿。大殿面阔3间，进深3间，高12米，面积160平方米。殿基高0.4米。殿前是一个方砖铺砌的月台。两侧蹲卧一对大型石狮。大殿为双昂五脊单檐悬山顶式建筑。殿顶绿色琉璃瓦覆盖，脊兽高大雄伟。每陇瓦檐上方均有彩色瓷制

山陕会馆

人像。殿内雕梁画栋，楹栏彩绘人物、花卉、山水等图案。殿内正中暖阁里，端坐着一丈多高的关公塑像，暖阁外两侧站立着抱印的关平和手握青龙偃月刀的周仓塑像，神态威严肃穆。四壁悬挂许多匾额，正中一块匾额上雕刻“声震中天”四个斗大金字，气势磅礴。

大殿两侧各有偏殿一所，皆绿琉璃瓦覆顶，斗拱屋檐。大殿两侧各有东西配房七间，为明柱出厦走廊砖瓦房。大殿后面两进院落为会馆管理人员住处，花墙圆门，园内遍植花木，苍松翠柏，冬青桂树，别致幽雅。

从历史上看，临颍山陕会馆因外省客商来此地贩布的人愈来愈多，会馆不能容纳，就在原址上扩建、改建。从会馆石碑上看，集资者是本县布行和外地布商字号，主要有陕西省西安、周至、宝鸡，山西省榆次、太谷，甘肃省天水、平凉等

地布商。一般情况下，每年正月开市，客商云集会馆前院收购布匹，戏楼上唱戏庆贺。当时临颍商业繁荣的局面可见一斑。“文化大革命”期间会馆遭劫，只剩下了拜殿、大殿和东西配房。1996年，临颍县第一高中为建校舍，又拆毁了大殿及东西配房，现只留下了拜殿且满目疮痍。

1973年，临颍县人民政府将山陕会馆公布为县级文物保护单位。2008年，漯河市人民政府将其公布为漯河市第一批市级文物保护单位。

2015年，临颍县文化局和临颍一高编制保护维修方案，经漯河市文化广电新闻出版局审批后，于2016年招能工巧匠进行保护维修和彩绘，山陕会馆拜殿及耳房又焕然一新。

• 郾城彼岸寺碑 •

彼岸寺碑原称彼岸寺经幢，又名“香水海石幢”。其整个石刻建筑设计精巧别致，建筑主体下部有八根透雕蟠龙石柱支撑，像座古塔，中间展示的又是一个四方抹棱体大型篆刻石碑，书法精妙，堪称一绝，所以，郾城人赞爱有加地称之为“龙塔古篆”。它位于沙河东岸，郾城西街实验中学校园内，是古老的彼岸寺内保存下来的唯一的文物名胜。

据传，彼岸寺始建于隋唐，毁于唐末。据《郾城县记》（1931年版）：“太平兴国年间（976—984），东京尉氏县契宗大师巡游郾城，看到寺院（彼岸寺）破坏不堪，便募金修寺，修房盖屋900间，恢复殿阁设施，面积200余亩，植柏500余株，并在院内兴建了12.1米高的彼岸寺经幢，此次修复历时15年。”彼岸寺历经元、明、清、民国至新中国成立初年，寺内建筑被全部拆毁，唯独彼岸寺碑保存至今。由于其年久失修，历史上缺乏科学有效的保护措施，以致风化剥蚀严重。

彼岸寺碑由底盘、基座、篆文、造像碑和幢顶等主要部分构成。整个塔身屹立于直径约5米的八角形香水海池底盘正中，底刻海浪波涛、游龙腾蛟、龟鳖黿鼍；岸雕亭台楼阁，禅堂佛殿，高山流水，苍松翠柏，仪杖出行，车銮肩舆，西天取经故事，讲经说法活动等内容。

基座为石砌置龛须弥座，即取须弥山之意，高3.09米，直径2.95米。分上下两层：上层四组佛龛，浮雕四大天王神像，四面各一组，四角有八棱形角柱支撑；下层中间是一巨石八面浮雕，八组佛龛内，浮雕天龙八部，周遭为八根透雕蟠龙石柱，或二龙，或四龙，皆张牙怒目，形象逼真，呼之欲出。

篆文碑为主体部分，高2.9米，宽1.1米，重9吨余，为一方体抹棱大青石，上镌“重修许州郾城县彼岸寺铭”。东面第一行为碑题，其余及南、西二面为碑铭正文，为八分古篆书写，镌刻甚佳，字体浑圆，堪为世间绝品。北面为撰文，书丹者姓名、官衔及立碑年、月、日。但因年久风化剥蚀严重，大部分字迹已残损不清。

碑上为一庑殿式护碑石盖顶，周遭雕有仿木结构屋檐形石椽、石瓦和麒麟、云中仙子等。

造像碑及碑座高4.54米，碑座高1.45米，为双层，上层雕为莲台座，下层浮雕8个人首鸟身、展翅欲飞的伎乐傧伽，形象生动，优美多姿，或吹竽，或吹箫，或吹螺，或打鼓，或鸣笛，或击筑，或舞蹈，或拍镲，且打鼓者为双首共命。造像碑高3.09米，为八棱体，每面浮雕57尊小罗汉和3尊佛像，共计456尊罗汉和24尊佛像。

幢顶高1.57米，为砖石结构，以牙子砖叠砌成七级密檐式八脊挑角飞檐，檐下配置仿木结构砖雕斗拱，檐上葺以灰瓦，顶上置两个亚腰葫芦形宝瓶。

彼岸寺碑由多层青石构件叠筑而成，

古代石刻艺术精品：彼岸寺龙塔古篆

彼岸寺碑

其连接处均为榫衲衔扣，是我国现存为数极少的宋代石刻造像建筑。通观整体，布局严谨，造型别致，建筑精巧，气派雄伟，具有我国传统建筑式样中所罕见的风格。其图案设计匠心独运，刻镂造诣很深，刀法浑圆，刀痕明显，线条流畅，笔势锋锐，既沉挚古朴，又潇洒清逸，对研究我国古篆、字体演变和书法艺术都具有重要的作用。由于其建造年代先于北宋崇宁二年（1103）李诫《营造法式》刻印之前，故对研究此书中关于“石作制度部分所涉及的制作构件的标准和做法，具有重要的参考和研究价值”。

彼岸寺碑因其艺术价值精绝，历代都受到文人墨客的高度赞赏，并被举荐为明清“郾城八景”之首。历代名人雅士、墨客骚人前往品鉴者络绎不绝。

明朝文人谢公翼赞之曰：“石坛孤影映山门，古篆蜿蜒亦尚存。松雪中郎何可问，笔锋总已重乾坤。”

而明代诗人杨元祥却称之为：“银钩石面列森森，半肃风雷未可寻。但使文字堪寿世，即留一字抵千金。”

到了清初，清顺治进士、郾城知县荆其淳却赞叹道：“谁勒方幢石佛前，纵横玉盘峰山巅。风霜蚀尽龙蛇迹，不使人知魏晋年。”

• 繁城三国文化景区 •

繁城三国文化景区位于漯河市临颍县西北部繁城镇，许泌公路15公里处，距临颍县15公里，是以人文景观为特色的三国文化遗迹景区。魏黄初元年（220）八月，曹丕忠臣李伏等首先提出：“魏王布德四方，万国归服，人臣所向，魏当代汉。”献帝对于朝臣的这个动议早有考虑，经过再三思虑，已知大势所趋，人心向魏，即宣告群臣，愿将天下禅于魏王。曹丕大喜，遂令从速筹划，修筑受禅台、三绝碑。景区现已建成受禅台、三绝碑、献帝庙、清真寺、楚怀墓和普泉寺等历史景观。

受禅台原台呈三层阶梯式夯土台，层层登高，每层相隔27个台阶，共81级，总高度为21米，台顶部建有行宫、楼阁，作为曹丕临时休息的地方，台顶护栏全部为汉白玉砌成。三绝碑系用鱼籽石雕刻而成。《公卿将军上尊号奏》碑，高3.33米，圭形碑额，额上有0.2米的圆穿孔，篆额碑头。此碑上下行，碑阳面22行，碑阴面10行，共32行，1 359字，为隶书。《受禅表》碑，高3.32米，宽1.1米，厚0.28米，圭形碑额，篆额碑头，碑头中间有直径为0.19米的穿孔，碑文共22行，每行41字，记述了当时曹丕受禅的经过，是三国历史的见证。献帝庙始建于魏黄初四年（223），原称魏文帝曹丕祠，是当年配合受禅大典修建的。清真寺始建于明嘉靖五年（1526），清嘉庆三年（1798）重修，寺院坐西向东，前门有石狮一对，三级青石台阶；门楼是明三暗五，迭木挑檐，五脊六兽；房檐四角悬铁马风铃，风吹铃响，清脆悠扬。古镇古朴风情与三国历史古迹融为一体，有极高的观赏价值。

• 舞阳城隍庙景区 •

舞阳城隍庙景区位于舞阳县城西大街，许泌公路55公里处，距漯河市45公里。始建于元朝至大四年（1311），再修于明洪武九年（1376），是以古建筑为特色的人文景观。

城隍庙坐北朝南，主体建筑有拜殿、威灵殿、寝宫，前有东西厢房，后有东西耳房，院内古建筑总面积7 000余平方米，

舞阳城隍庙

城隍庙

是我国北方地区规模较大、保存最为完整的古城隍庙建筑。

拜殿是古建筑群中的精品，整个建筑采用木框架结构，由16根木柱支撑，其中雕梁画栋，四周上饰以斗拱。拜殿内陈列的画像石，出土于汉代的墓中，是汉代大墓上的建筑材料。威灵殿内供奉的主神为城隍神，又叫城隍爷，他怒目圆睁，有灭尽天下一切邪恶之势。城隍爷左侧站立的为阴间主管户籍之神——阴司，右侧为拘捕死者灵魂之神——判官。景区内还有“一步两眼井”、清代大铁炮、开元寺山门、钟鼓楼、地藏殿、大悲阁及舞阳文化陈列等景观。

• 舞阳西城森林公园景区 •

舞阳西城森林公园位于舞阳县城西部，漯叶公路、漯平高速均可到达，距漯河市45公里，是集科普、科教、游览、参拜等功能于一体的人文风景区。始建于2000年，占地600多亩。西城森林公园北大门古朴典雅、气势磅礴。长1 000米、高8米、宽20米的周汉故城雄卧其中；故城之脊草坪花圃，青树翠蔓；故城两侧红枫、香樟、枇杷、合欢、银杏、桂树、蜡梅等百种万株名花贵木淌绿流翠，香飘袅袅。园东南部有竣工于2002年3月、投资240万元、占地75亩的西城文化广场，代表建筑有石制盘鼓、戏楼等，是一处在红色革命老区的基础上兴建的集休闲娱乐、健身、垂钓为一体的现代文化广场。园内还有众多名胜古迹，著名的有樊侯亭、三丰洞和白龙亭等。

西城森林公园

名品荟萃

——现代与传统交相辉映

漯河历史上就是粮食集散中心、牲畜贸易中心、农副土特产集散中心，食品加工业资源丰富。漯河有独具特色的传统美味小吃，更有着亚洲最大的肉类加工企业——双汇集团及一大批食品加工企业。独具特色的饮食文化，成就了漯河“食品之都”的美誉。

• 双汇火腿肠 •

说到漯河的名优特产，首先必须要说的就是双汇火腿肠。现在在中国，双汇火腿肠可以说无人不知、无人不晓，它是国内知名度最高的品牌之一。双汇火腿肠代表了一个品牌，代表了一个品牌系列，代表了一个企业。双汇集团坚持用大工业的思路发展现代肉类工业，结束了中国肉制品没有品牌的历史，引导了行业的发展方向，开创了中国肉类品牌。

从20世纪90年代初第一根火腿肠走出厂门红遍全国到现在，双汇集团已经形成了以肉类加工为主、多业配套、优势互补的产业结构新格局。在肉类加工方面，初步形成了8大系列近500个品种，分别是：以普通火腿肠、“王中王”特制火腿肠、力博肠、鱼肉肠、清真肠等为代表的高温灌肠系列；以精制火腿、汉堡火腿等为代表的高温火腿系列；以三明治火腿、香菇火腿、牛肉方腿、啤酒火腿、烟熏里脊、熏烤牛肉、熏烤圆火腿为代表的西式肉制品系列；以台式香肠、麻辣香肠、原味香肠、波兰熏香肠、哈尔滨香肠、上海大红肠、蒜蓉大红肠、啤酒肠为代表的低温灌肠系列；以广式香肠、迷你肉肠、双汇腊肠、水晶肴肉、肘花、五香卤猪蹄、双汇香肚为代表的中式特色肉制品系列；以汉堡肉饼、肉丸及鸡块为代表的速冻肉制品系列；以清蒸肉类罐头、清真类罐头、蔬菜水果为代表的鲜冻制品系列等。这些产品具有中西兼顾、高低温结合、生熟互补、品种繁多、档次分明等特色，更大范围地满足了不同层次消费者的需要。

2013年，双汇集团母公司万洲国际收购史密斯菲尔德公司，整合中、美、欧资源优势，引领中国肉类消费新时尚，先后建成了郑州双汇美式工厂、上海美式车间，生产美式培根、火腿、香肠，使国人在家门口就能享受到正宗的美式口味。

双汇生产线

• 临颍休闲食品 •

漯河市临颍县是典型的农业大县，依托农业资源优势，通过引名企、育龙头、拉链条，临颍县产业集聚区形成了一个以休闲食品为主导、产值超百亿的食品产业集群，产品涵盖烘焙、膨化、果冻、果脯、功能饮料等8大类1 000多个品种，烘焙类、果冻类、糖果类、膨化类食品日产量位居全国各县区首位。

目前，国内休闲食品企业10强中有8家在临颍县产业集聚区内建设生产研发基地，区内集聚了中国驰名商标12个、省级著名商标23个，形成了从原料基地、面制品加工、休闲食品生产、食品天然色素提取到休闲食品研发、检测、包装、物流完善的产业链条。休闲食品日产量2 600多吨，区内汇集盼盼、养元、雅客、亲亲、联泰等中国驰名商标15个，巧巧、香当当等省级著名商标25个。

临颍休闲食品

2015年，集聚区食品产业主营业务收入突破260亿元，同比增长29%，占区内主营业务收入的68%。该县实现税收4.8亿元，同比增长32%，占区内税收的77.4%。

为保障食品安全，他们导入ISO 9000质量管理体系企业29家，导入ISO 14000环境认证企业15家，导入OHSAS 18000职业健康与安全管理体系认证企业10家，3家企业荣获市长质量奖，15家企业获得县长质量奖，亲亲、联泰、华冠养元、盼盼等企业获得“中国知名食品信誉品牌”“质量管理先进企业”等称号。临颍产业集聚区已成为河南省休闲食品名企名牌聚集最多的产业基地。

同时，为强化原材料质量源头控制，联泰食品、万冠食品、中大生物、天冠生化等企业开始在该县进行规模化、标准化原材料基地建设，统一供种，标准管理，带动优质小麦、花生、小辣椒、玉米原料基地种植30多万亩，实现食品安全的源头控制。

临颍县的食品产业从原料基地、休闲食品生产、食品天然色素提取到研发、检测、包装、营销、电商物流，构筑了完整的产业链条，产值突破300亿元。2016年12月3日，在临颍县举办的中国副食流通协会第五届三次理事会暨2016中国休闲食品创新发展高峰论坛上，临颍县被中国副食流通协会正式授予“中国休闲食品之都”荣誉称号，系全国唯一获此殊荣者。

• 舞阳北舞渡闪家胡辣汤 •

漯河最有名气的传统名吃是舞阳县北舞渡镇的胡辣汤。北舞渡镇的胡辣汤起源于清道光年间，经过100多年的发展，现在又分为闪家、丁家、吕家和宛家4个专业大户，但最著名的无疑是北舞渡闪家胡辣汤。

北舞渡闪家胡辣汤是河南小吃系列中的一绝，它起源于中州历史名镇——北舞渡镇，至今已历6世，有100多年的历史。它畅销不衰，蜚声古今，声望崇高，既有深远的历史渊源，又有厚重的文化底蕴。

中州名镇北舞渡，自古便有“恃水陆并进，商贾云集，无穷之重镇也”之称，被誉为“中州巨镇”水旱码头。清朝康熙年间，社会趋向稳定，中国经济再度复苏，商业渐趋繁荣。当时，南来北往的货物急需寻找一个适合“南船”与“北马”两种运输方式转换的“交换站”。而在中原的晋商选中的就是赊旗店和北舞渡镇。大批南来北往的煤炭、粮食、棉布、烟叶由此进出中原，民间曾流传“拉不完的赊旗店，填不满的北舞渡”之称，足见古镇当时在商界中的影响和作用。

商业的繁荣使北舞渡镇内大沙河的航运非常活跃，大批古镇及古镇周边的百姓来此当装卸工。当时这些装卸工人的生活很艰苦，饿了啃窝头，渴了喝凉水，尤其是到了深秋和冬季，河道风大，天气寒冷，民工们饱受无情的风霜之苦。下苦力的装卸工一来想吃得有滋有味，二来还想吃得能暖和身子。当时，镇上有一位老人名叫闪长泰，他很有商业头脑，便在此做出一种辣汤卖，此汤主要以胡椒、辣椒为原料，佐以肉末、面粉、粉条等烧制而成，再加入少许的陈醋。其味道麻、辣、酸、香，制作工序简单，喝起来既开胃又驱寒，而且价格便宜，深受装卸工人的喜爱。闪老汉深信常喝这种汤对于长期在这种环境下干活的人是比较有益的，于是便支一口大锅、一个风箱，买了几十个碗，

北舞渡胡辣汤

做起了胡椒辣椒汤的营生。闪长泰是个聪明细致之人，他一面做生意，一面研究胡椒辣椒汤的做法，不断增加胡椒辣椒汤的原料，还常询问客人的口味。就这样几经改进，闪长泰做的闪家胡椒辣椒汤很快赢得了众人的称赞，生意越做越大。这就是如今闪家胡辣汤的前身。

清雍正二年（1724），北舞渡镇的商业经济达到了相当繁荣的境地，成为舞阳一大都会，山陕之人行商河南，云至雨集，纷纷在此投资经商。他们为迎客纳仕、同乡联谊，集资兴建了一座富丽堂皇的同乡集会之所——山陕会馆，每次集会都有大量商人聚集于此。虽然山陕商人十分富有，但是他们也很节俭。有一年，他们又在此聚会，听说这里有一种叫胡椒辣椒汤的主食，美味可口，价格又便宜，中午吃饭时便请闪长泰做了一顿胡椒辣椒汤，香辣可口，众人品尝后皆赞不绝口，广为传名。闪家胡椒辣椒汤越传越广，越传越远，来此经商的人，便一定要喝上一碗胡椒辣椒汤为快。

经过不断改进，胡椒辣椒汤的主要原料已不仅是胡椒、辣椒了，食客也不仅仅是装卸工了，因此闪老汉的胡椒辣椒汤就逐渐改名为胡辣汤。闪长泰有四个儿子，全家一起经营生意。

到了民国，北舞渡镇的产业结构发生了变化，除煤炭、粮食在此中转外，南阳、上海、山西、陕西等地来的商人还从事卷烟、食盐、印染、粮行、造酒等轻工业。此时的古镇仍是店铺林立，人山人海，繁华异常。从事服务业的旅馆、饭店、茶楼等在不足300米长的菜市街（今步行街）就有90多家。随着人口的增多，模仿做胡辣汤生意的相继增加了好几家。面对市场的竞争和压力，闪家父子大胆探索，勇于创新，在原来汤料的基础上又做了重点调整。此时闪长泰的孙子闪云停已长大成人，他聪明过人，思维敏捷，在原来的制作工艺、配方比例、原料添加的基础上做了更合理的调整，并在胡椒、花椒、大茴、桂皮、香附、草果等十多味调料中又增加了滋补健身的豆蔻、砂仁等，使闪家胡辣汤中的羊肉不腥不膻，肥而不腻，味道更加丰富。这样一来，外地客商往返古镇，除做生意、赶庙会、下馆子外还要特意喝上一碗闪家胡辣汤。当时有句口头禅，“来北舞渡不喝闪家胡辣汤，就等于没走到北舞渡”，可见当时闪家胡辣汤在古镇的影响程度。经过几代人的努力，闪家胡辣汤在竞争激烈的市场中站稳了脚跟，也为闪家胡辣汤的百余年不衰打下了坚实的基础。

胡辣汤另有一个雅致的名字叫八珍汤，叫八珍自然夸张，不过这也说明胡辣汤“内容”很多。最常见的有面筋、海带丝、粉丝、千张丝、花生米、香菜、姜末、榨菜、胡椒粉等。根据节令和地域的不同，还会有牛（羊）肉、黄豆、木耳、黄花菜、菠菜、萝卜条、葱花等。胡辣汤做法很烦琐，先用淡盐水和面，揉成面团，然后不断加水“洗”出面筋。水烧开后下面筋，面筋熟后将洗面筋的水，也就是稀淀粉糊倒入锅内，小火烧至汤汁黏稠，再放入其他配料，旺火烧沸。胡辣汤盛到碗里后，加榨菜，淋香油、香醋等，喝起来黏糊糊、香喷喷的。辣是它的主要特征，但这种辣并不像吃重庆火锅那样辣得让你跳脚，而是辣在嘴里，美在心中。酸就在其次了，喝这种汤一般都要加点醋，辣中透酸，酸中有辣，再加上各种原料的综合反应，香、滑、绵、润，于吞咽之余又有东西可嚼，十分满足。胡辣汤还有另外的一种吃法，把半碗胡辣汤和半碗豆腐脑儿掺在一起，叫作“两掺儿”。卖胡辣汤的常捎带卖豆腐脑儿。拿小勺稍微搅和一下，豆腐脑儿的细腻、清淡、微苦涩与胡辣汤的黏稠、酸辣、鲜香交替刺激，更增滋味。特别是在冬日的清晨，一碗胡辣汤下肚，额头上会渗出细细的汗来，身子暖了，胃口也开了。

胡辣汤有很高的营养价值及保健食疗功能。北舞渡胡辣汤用牛肉、羊肉、胡椒、丁香、豆蔻、草果、茴香、白芷、良姜等原料和调料，根据不同配比添入高汤，再加入地道的面筋和粉条熬制而成。不仅肉烂汤鲜、香辣可口、味道醇正、入口滑爽、回味无穷，而且还具有健胃开脾、明目利肝、化痰止咳、祛风驱寒、活血壮骨、滋阴壮阳、清热解毒、提神醒目、利尿通淋、延年益寿等功效。

北舞渡闪家胡辣汤历经六世，畅销不衰，不仅得益于其物美价廉、制作精心，更由于闪家几代人的苦心经营和摸索改进。在闪家胡辣汤的带动下，北舞渡出现了刘家胡辣汤、张家胡辣汤、李家鸡肉汤等，但闪家胡辣汤独以肉烂汤鲜、香辣可口、味道醇正、回味无穷而畅销不衰。

胡辣汤的兴盛也带动了当地其他饮食业的兴盛和发展，如魏家的卷子馍、关家的羊肉烧卖、庄家的油酥火烧、凌家的糯米元宵、张家的辣角醋等。来客喝过北舞渡胡辣汤，尝过卷子馍、火烧后，总不忘记给家人、亲戚、朋友带回一些。于是，胡辣汤、卷子馍、火烧、元宵、辣角醋便成了馈赠亲朋好友的佳品。

现在，北舞渡胡辣汤在河南各地都有销售，已经成为河南小吃系列中的一绝。

• 临颍繁城清真五香牛肉 •

驰名华夏大地的繁城清真五香牛肉，有着400多年的历史。繁城清真五香牛肉形色鲜美，肉嫩味纯，色泽如初，味透骨髓，是一种高蛋白、低脂肪、营养丰富的食品，老少皆宜，适合南北风味。

繁城清真五香牛肉系当地穆斯林在明朝嘉靖二年（1523)所创，制作考究，工艺精细，配方独特，以1～3岁的南阳黄牛为原料，辅以30余种配料及名贵药材，由阿訇主宰后，经分割、精选、腌制、煮蒸等多道工序精制而成，具有色泽鲜红油润、亮里透明，气味郁香诱人、肥嫩不腻之特点，几百年来一直以其良好的品质和独特的风味驰名中原，成为馈赠佳品。

五香牛肉

据说，明嘉靖四年，繁城清真寺建造竣工，皇上派大臣为清真寺送“天方圆学”匾额（此匾额现存于繁城清真寺内），阿訇拿出清真五香牛肉招待钦差，钦差品尝后赞不绝口，并将五香牛肉带回京城敬献皇帝，从此清真五香牛肉年年进贡，成为明朝皇宫之御品。乾隆年间，武学李钢平叛河南道齐寡妇造反，河南道台代表乾隆皇帝赠授“护国佑民”滚龙金匾于繁城清真寺，阿訇遂以当地珍贵特产清真五香牛肉敬献乾隆皇帝，繁城清真五香牛肉随之成为清宫贡品。

几百年来，繁城清真五香牛肉制作

工艺代代相传，知名度越来越高，先后被收录到《临颍县志》和《中国食品大辞典》，1986年荣获河南省民族食品展览优秀奖，1999年被命名为河南省名优食品，2001年5月在中国少数民族和民族地区名优新特产品交易会中获得河南省优秀展览奖，2004年3月成为河南省优秀食品文化遗产。

• 漯河清香斋烧鸡 •

“名震京广千里远，味冲中原一片香”。1984年，在漯河经济社会发展战略设想的一次座谈会上，谈到漯河“清香斋”烧鸡，大家七嘴八舌凑了这副对联。这是对漯河市“清香斋”烧鸡的赞誉。漯河“清香斋”烧鸡，色泽鲜亮，馥郁扑鼻，酥嫩可口，肥而不腻，烂而不松，咸淡相宜，色、香、味、形俱佳。

“清香斋”烧鸡选料严格，制作精细，病鸡、死鸡坚决不要，作料齐全，而且配比得当，如砂仁、草果、丁香、豆蔻、肉桂、大小茴香、白芷、高良姜、花椒、荜拔等十多味中草药，每种药量都要适中，太多有药气味，如花椒下得多了会发麻，过少了风味欠醇厚。这些药有的去腥，有的去酸，有的顺气，有的调胃。炸、煮、炖、熬都要注意火候，火有暴火、文火之分，根据鸡的年龄大小，烹制时间有长有短。无论什么鸡都要把鸡肉内的水分提出，令五味渗入，所以能久存不坏。煮鸡用的多年陈汤，必须纯，不能变色，往老汤里兑水，过热、过冷都不行，水的数量、温度都要恰到好处。

1984年5月，在北京举行的全国旅游工艺品展销会上，漯河的少林牌烧鸡罐头荣获国家经济委员会颁发的景泰蓝奖杯。1988年8月27日，《市场报》以头版显著位置发表“瞅准行情快行动，漯河烧鸡罐头一举成名”的新闻，还配发了社论。

清香斋烧鸡

『非遗』概览

——历史厚重的民间文化

漯河是一个古老而又年轻的城市，历史悠久，文化灿烂。根据史料记载，早在一万年前的旧石器时代晚期，我们的祖先就开始在这块土地上生活劳作，创造了灿烂的古代文明。在漫长的岁月里，勤劳朴实的漯河人民为这块土地留下了许多美丽的传说和令人叹为观止的古迹名胜。

非物质文化遗产与物质文化遗产一样，都是古代先民在长期生产、生活实践中创造的精神财富和物质财富，至今还和我们的生产、生活密切相关，并发挥着重要的作用。它不仅是民族优秀文化的象征，也是民族文化的基因。它浸染了我们的灵魂和记忆，让我们世代相传，永记不忘。

• 民间舞蹈、音乐 •

漯河地区的民间舞蹈不但种类繁多，而且源远流长，许多舞蹈种类都有几百年甚至上千年的历史。竹马、旱船、花伞等舞蹈在唐宋时期就很盛行（唐代著名的舞蹈表演艺术家公孙大娘就诞生于漯河的郾城）。民间舞蹈最初是以祈天求雨和敬神拜祖为主，后来逐渐演变为节日庆典、欢庆娱乐、振奋精神、烘托气氛的一种活动形式。现在漯河地区常见的舞蹈表演形式有龙舞、狮子舞、铜器舞、旱船、高跷、肘阁、秧歌、腰鼓、杂耍等十多种类型。

铜器舞

铜器舞是以铜器为表演类型的大型舞蹈，源于清末太平天国年间，表演队伍由近百人组成（男女队员各40名，还有一支后备队），有6盘战鼓，16对大铙，16对大钹，16对小镲，两面大锣，两面汤锣，两面手镲。铜器舞共分捂、托、跳、跑等七个表演段落，表演时段长，场面宏大，气氛热烈而磅礴，给人以强烈的艺术震撼力和冲击力。

源汇区问十乡的铜器舞闻名遐迩，曾在漯河、平顶山、许昌、驻马店等多个地区巡回演出并获得多种表演奖项。

肘阁

肘阁舞在清末时期的漯河地区就有活动，是一种特殊的大型舞蹈。这种舞蹈表演是将儿童装扮成传统戏曲或神话中的人物，巧妙地绑在铁架上，由壮年人用肩、头或手高高托起，构成一组组戏曲或神话

铜器舞

肘阁

的造型艺术，被称为“无声的戏剧”。

肘阁演员在上者称为“上装”，在下者称为“下装”。下装演员身穿一件特制的铁小褂，铁小褂上固定1～2根向上的钢筋，上装小演员就牢牢地系在上面。下装演员演出时需用服装将铁小褂和钢筋掩盖。表演时，下装演员两腿稍屈微颤，踏鼓点平稳走动，上装小演员随下装演员的走动而扭头进行表演。

这种舞蹈场面宏大，表演动作惊险刺激，有较强的观赏性，漯河地区常见的有召陵区万金镇的肘阁演出。

狮子舞

狮子舞也叫舞狮子，是漯河地区最普遍、最常见的一种民间舞蹈。多在春节或喜庆活动中表演，场面壮观，气氛火爆热烈。狮子在中原汉文化中为瑞兽，象征吉祥如意。舞狮活动寄托着民众消灾除害、求吉纳福的美好愿望。狮子舞历史悠久，《汉志·礼乐志》中记载的“象人”，便是狮子舞的前身。唐宋诗文中多有对狮子舞的生动描写，漯河地区的狮子舞以郾城区东关的双狮舞和李集镇的老和尚驯狮舞比较有名。

东关双狮舞由“狮子吃碟子”“古树大盘根”和“玩灯”三大表演部分组成，其中“狮子吃碟子”是整个舞蹈中最精彩的部分：桌子上摆放16只装有各种菜点的碟子，狮子偷吃，罗汉（驯狮人）去护，整个舞蹈围绕一偷一护展开表演。狮子每吃一盘菜点，就地翻滚，连续数次，直到把桌子上的菜碟全部吞完。罗汉大怒，手持神掸训斥狮子，狮子自觉惭愧又将菜肴盘点原封不动一一吐回。狮子在神吃妙吐之后，还能吐出带火的莲花灯。表演套路绝妙，技艺精湛，在当地富有盛名。

狮子舞

李集镇的老和尚驯狮舞，主要是围绕一则民间故事而进行的一些动作表演。舞蹈共由“驯狮”“狮子吃小孩”“狮子屙小孩”三部分组成，结构完整，情节有趣，动作精彩。据说老和尚驯狮舞源于当地一个妇孺皆知的民间故事：很久以前，有一位少林寺的和尚下山云游，途中遇到一只被猎人射伤的母狮向他作揖求救，他发善心把狮子带回自己的住处，并用各种草药精心调养，使这只母狮康复。为使狮子不危害百姓，和尚将自己习武用的棍棒染成黑、红二色，设计了一套“八路棍”专门驯化狮子。由于和尚很有耐心，这只狮子被驯化得服服帖帖。和尚外出传经布道，也经常把狮子带在身边，每到一处都要玩耍一番。有一年正月十五，和尚带狮子赶李集密桥庙会，不料母狮兽性大作，竟活活将一个吃奶小孩吞入腹中。和尚大怒，将母狮降伏在地，并以仙丹灌入狮口，使狮子将小孩完全屙出，小孩安然无恙。

民间音乐

漯河地区的民间音乐主要是以吹奏为主的鼓吹乐和以弹拨为主的丝弦乐，乐器包括唢呐、笙、笛子、坠琴、古筝、扬琴、鼓、锣、铙、镲，等等。鼓吹乐遍布漯河城乡，据统计，全区有鼓吹乐班（古乐班）200余个，从业艺人1 500多人。出身于临颍县大郭镇唢呐世家的唢呐吹奏能手于少华，曾以独特的演技获得中国第五届民间艺术节全国民间艺术表演赛金奖。

以清唱为主的民间小调和劳动号子曾在漯河地区流行。劳动号子有打夯号子、打油号子和船工号子等，尤以“沙河船工号子”最具特色。

• 民间美术 •

漯河地区的民间美术主要有农民画、剪纸、糖塑、刺绣等，多以民间生产、生活为主要内容题材。农民画以舞阳县的农民画最有影响，它由古老的壁画蜕变而成，色彩鲜丽明快，造型简练，形态淳朴生动。剪纸是漯河地区民间古老装饰艺术之一，按其民俗功能分为以下几类：一是节日剪纸，多以窗花为主。窗花一般由“窗角花”“窗心”和散在空隙间的“小花”组成，题材有花、鸟、虫、鱼、动物、戏曲故事、传说故事、吉祥语等。二是礼俗剪纸。婚嫁剪纸：最流行的是剪双喜字、龙凤花、鸳鸯花等，桌、椅、窗、框，件件嫁妆品都要有这些剪纸花张贴和覆盖。丧礼剪纸：最常见的是剪纸钱（俗称“过路钱”）、顶棚花（装饰住宅天棚）、鞋花、兜子花等。源汇区阴阳赵乡农民张宝俊，是漯河地区较有影响的民

吹糖人

间剪纸艺人。他从小就喜欢美术，十几岁就开始跟老艺人学剪纸。他的剪纸想象丰富，造型奇特，极受当地群众的喜爱。河南电视台《梨园春》栏目，还专门选用他的剪纸作品作为舞台的节目布景。

糖塑俗称“吹糖人”，常见于冬、春季节村边、街角和城市闹市区。吹糖人的原料主要用蔗糖和麦芽糖制作而成。艺人随身携带有挑担（或推车）、炭和煤炉，先将糖料在煤炉上烤软，然后捏出一块糖料，用手指蘸上滑石粉，迅速将糖揉成空心圆球，随即在一头拉出空心糖丝放在嘴里，边吹边捏，通过挤、压、拉、拢等手法，不一会儿，各种造型的人物、动物、果蔬等就呈现在眼前，然后根据需要，再用一些辅助材料进行装饰，最后将成型的作品粘在竹签上。糖塑既可吃又可看，深受儿童欢迎。以前在漯河地区的吹糖人者大都出自于召陵区的老窝镇，近年已较少出现。

• 民间文学 •

民间文学主要是指民间故事、歌谣和谚语等。漯河的民间文学带有浓厚的豫中色彩，多以劳动人民的生产、生活为题材，颂扬真善美，鞭挞假恶丑，折射出人们丰富多彩的精神风貌和美丽善良的愿望追求。

■ 民间故事

漯河地区的民间故事，有人物，有情节，讲述起来比较生动。这些故事，最显著的特点就是多带有一些传奇和幻想的色彩。按其题材可分为神话、传说、生活故事、寓言故事及笑话和童话等。流传区域较广，比较有名的故事有《王莽撵刘秀的传说》《敬灶神的传说》《黄牛变恶媳妇的传说》等。

歌谣

歌谣是劳动人民生产、生活的真实写照，它直接反映了劳动人民的思想、感情、愿望和理想，一般都带着时代的烙印。漯河地区流行的歌谣有灯歌、夯歌、生活小调、世俗小调和童谣等。

谚语

漯河地区流行的谚语一般都比较简单，有的甚至只有一句，但仍能表达一种完整的思想，其内容包括农业谚语、气象谚语、地理谚语和卫生谚语等。如：

种地不上粪，等于瞎胡混。

地是黄金板，人勤地不懒。

云正南，水涟涟；云正北，晒干坯。

东虹呼雷西虹雨，出了南虹卖儿女。

麦盖三双被，小儿搂着蒸馍睡。

笑一笑，十年少；愁一愁，白了头。

漯河地区的民间习俗，如春节、清明节、 端午节、中秋节、庙会、婚丧嫁娶及二十四节气，等等，都和中原其他地区大体一致，但有些习俗却具有本地区特有的传统特点。

二月二

农历二月二有“龙抬头”之说，意谓此节过后，万物复苏，备耕开始，农民为祈求丰收，黎明即起，从灶膛里取草木灰撒到庭院、墙根、囤底。小孩击瓦说唱“二月二，拍瓦子，蝎子蚰蜒没爪子”；大人用棍击梁头、槽头说唱“二月二，敲梁头，大囤满，小囤流”“二月二，敲槽头，骡马兴旺不用愁”。这天，家家户户吃煎饼（本地俗语称咸食）。

六月六

农历六月六这天家家户户都烙芝麻焦馍。传说六月六为蚂蚁生日，人们吃芝麻焦馍时就会掉下馍渣，让蚂蚁衔而食之。

十月一

农历十月一日称为“鬼节气”“放鬼日”，这天，家家户户吃饺子，上坟烧纸，祭祀去世的亲人（上坟烧纸也可拖后1～2 天）。

冬至

冬至是农历数九头，俗称数九。家家户户吃饺子，意为吃饺子不冻耳朵。俗语：“冬至吃顿扁（饺子），不咳嗽来也不喘。”

■ 祭灶节

农历腊月二十三日为祭灶节，俗称小年。相传这天是灶君上天向玉皇大帝汇报民情之日。这天下午，家家户户炕锅盔，备灶糖和公鸡（公鸡让灶君上天当马骑），烧灶画。

■ 婚嫁

过礼、迎亲。是日一大早，男方携酒、面果（俗称喜果子）等聘礼（有些地方提前一天过礼），抬花轿一顶（贫者用大车），内坐一“压轿童”。至女家，众人出迎，燃放鞭炮。新娘着红衣，以红盖头遮面，多哭泣，由伴娘扶上轿（或车）。启行后，逢桥、庙、大树、十字道、石头等处新娘皆撒喜钱。新郎兄长在前贴红帖儿（传说是封鬼神的嘴，怕它们说不吉利的话）。抵男家，由贴帖儿人用钳子夹住烧红的犁铧在轿周围用醋水浇，正、倒各三圈后，两名女傧搀扶新娘下轿，至天地桌前拜花堂，新婚三日，夫妇二人回娘家省亲，称为“回门”。

• 心意六合拳 •

古人云：得中原者得天下。中原历来为华夏族群相互争夺的古战场，漯河地处中原腹地，自古为南北（北京至湖广）的必经之地，又是东西航运（豫西部山区至江苏、上海）的重要码头。从春秋战国到唐、宋、元、明、清，中原的许多战火都燃及这里。所以这里历代英雄辈出，豪杰云集，武林门派各显神威，心意六合拳也应运而生。但数百年来，心意六合拳一直处于封闭保守状态，知者甚少。直到20世纪90年代，漯河举办了“全国心意六合拳研究会”，才揭开了其神秘面纱。

2008年，漯河又成功举办了 “全国心意六合拳交流会”。从参加组队的情况看，心意六合拳分布在河南、安徽、江苏、浙江、河北、江西、黑龙江、湖北、湖南、广东、香港。当时新西兰、波兰也有人参加。据后来调查，新加坡、日本、瑞典、意大利及中国台湾等都有心意六合拳的传人在活动。由此可见，心意六合拳遍布海内外许多国家和地区。

心意六合拳又称心意拳、河南心意

心意六合拳

拳，相传为宋代岳飞所传。明末清初，河南洛阳人马学礼（回族，1660—1736），13岁放羊时在瀍河中游“十方院”遇一隐士，向他传授此拳7年有余，后又苦练10年而成。练成后，曾到少林寺试功夫，得到少林寺高僧的高度评价。马学礼名声大震，武林界称他为“神拳马学礼”。后来连续出任河南各大商行保镖、河南府衙都头等。晚年马学礼辞差归家，在家乡清真寺办起了武学，专门传授心意六合拳，并把此拳作为“教门拳”，规定了祖训戒律“非吾真弟子，宁可失传，不可乱传”。马学礼一生主要传徒三人：马三元（漯河繁城人）、张志诚（南阳人）和李政（鲁山县人）。

心意六合拳为中国的三大内家拳之一，它凶猛速快，刚柔并济，动作简单但内涵丰富。要求动作含六势：鸡腿、龙身、熊背、鹰捉、虎抢头、雷声。具六合：内三合、外三合。内三合：心与意合，意与气合，气与力合；外三合：手与足合，肘与膝合，肩与胯合。动时手随意出，心随意发，出手如放箭，发劲如炮崩，迈步如猫行。

心意六合拳的内容共分为十套把、十种形。十套把：单把、双把、摇闪把、挑领把、追风赶月把、横拳把、一头碎石碑把、十字把、龙形裹横把等。十种形：龙形、猴形、马形、鸡形、燕形、鹞形、熊形、鹰形等。套路有四把锤、六合刀、六合枪。

心意六合拳的习练要掌握以下几方面

的原则。

（1）定式为桩，动式为拳。即每一个把都是一个单式，每个单式都可作为一个桩来练，通过定式站桩，规范动作，掌握要领，增加身体各部位的耐力，达到强健肌体的作用。在定式的基础上逐步地变为动式，就是走动着去练每一个动作。在活动时，必须把周身的要领要求掌握好，如果动时不能很好地掌握要求，就要继续站定式，经过反复地动、站练习，逐步实现在任何变化时都能达到动作规范、劲力顺达、身法灵活、内活外顺、洁内华外的最佳效果。

（2）以意领气，周身相合。不论定式或者动式，都要心意一想就去动，这就是所谓的心与意合、意与气合、气与力合、手与足合、肘与膝合、肩与胯合的六合法。拳法云："心为君，意为相，周身为臣。"人身动作的外形变化要与内在心意保持高度协调一致，一动无有不动，一合无有不合，一停无有不停，一枝动百枝动。只有周身内外的高度协调，才能达到意由心生，力随气发，周身齐到，灵活自然。

（3）象形取意，取法为拳。心意六合拳除十六把外的十大真形动作：龙、虎、猴、马、鸡、燕、蛇、熊、鹰、鹞，就是取十种动物的真意内含，即天然的特点特性："龙有搜骨之法，虎有捕捉之能，猴有纵身之灵，马有奔腾之功，鸡有争斗之勇，燕有取水之巧，鹞有侧身入林之技，熊有沉稳之态，鹰有捉拿之精。"在心意六合拳中，不是模仿动物的外形，而是汲取以上十种动物的真意内含，取法为拳，使心意六合拳从内心深处发生质的变化，使拳法变得更灵活，更勇猛，更快捷，使人体内的潜能得到更大程度地开发。

（4）内外兼修，开发潜能。心意六合拳在修炼时不论定式还是动式，都要做到心平气和，心想意动，不得走神，要全神贯注，意念集中，劲力裹含，蓄而后发。要按照拳理要求用意念调动体内五脏心、肝、脾、肺、肾的作用，即心动如火焰，肝动如飞箭，脾动气团聚，肾动快如风，肺动震雷声。同时运转筋、骨、血、肉四大部分的作用："牙为骨梢，舌为肉梢，甲为筋梢，发为血梢。"就是在做每个动作时，要做到舌要顶，牙要叩，甲要透骨，发要冲冠。五脏四梢所有的内在因素与外部动作要达到高度的协调结合。

由于心意六合拳长期处于封闭保守状态，有"宁可失传，不可外传"之说，故几百年来，几乎都是门内单传，并且“传形不传意，传意不传心”。学者只可心记，不可笔记，所以拳经理论、拳谱、秘籍和药功等珍贵资料极少有文字记录，心意六合拳面临失传的危险。

2008年，心意六合拳已被列入中国文化部非物质文化遗产保护名录。

【附录】 心意六合拳传承谱系表

代别	姓名	生平	籍贯
1	马学礼	1660—1736	洛阳
2	马三元	1718—1801	漯河繁城
	张志诚	1706—1779	南阳
	马　兴	1754—1844	洛阳
3	孙　河	1743—1823	不详
	李　政	1730—1816	鲁山
4	丁　四	1790—1886	漯河北舞渡
	张　聚	1770—1848	鲁山
5	吕金梁	1840—1922	漯河北舞渡
	买北图	1797—1877	鲁山
6	丁兆祥	1835—1933	漯河北舞渡
	尚学礼	1865—1933	周口
	宝　鼎	1865—1942	西安市小田北
	吕青魁	1876—1968	漯河
7	吕瑞芳	1906—1999	漯河
8	吕志德	1941—	漯河
	李迦波	1949—	漯河

• 沙河船工号子：古代人劳作的歌 •

沙河处于中原腹地，是淮河水系较大的支流。沙河源头起于鲁山境内伏牛山脉尧山下，经鲁山县毛郎庙（下汤）过叶县至舞阳北舞渡，其间汝河汇入沙河入郾城，也称滍水。在漯河澧河汇入沙河，在周口颍河、贾鲁河汇入沙河，至安徽上沫河入淮河。

古代河流是商贸运输的主要交通航道。公元前841年，即有皮筏在沙河滍水航运。元顺帝至元二年（1336），为充分利用沙河水往洛阳运粮，截溏河入澧河，截洄曲引汝水全部入沙河。因沙、澧二河在漯河交汇，形成海螺形河湾，故名螺湾码头。螺湾码头为古时河运一大型码头，有许多大小船只在这里通过或停留，有大量的船工在这里劳作或歇息（漯河曾设沙河航运局），沙河船工号子便由此产生。

沙河船工号子最初是船工们在水上劳动时，几个人用自己的语言，你一句，我一句，用自己喜欢的民间小曲小调哼唱而成，后逐渐扩大到整个航运队伍，没有固定的唱本和歌词，全凭先辈口授，代代相传。沙河船工号子分为行船号子、劳动号子、娱乐号子、祭祀号子和民间小调五大类型，其中行船号子又分为下河号子、吊包号子、架包号子、活锚号子、拉纤号子、摇橹号子和呀呀号子等多种。

沙河船工号子是古代人在从事集体重体力劳作时为振奋精神、鼓舞干劲、统一步伐、协调动作、增加劳动效果而创作的一种歌谣，大都由一人领唱，众人合声接唱，曲调简单，词更简单，有好多号子都没有词，大都是些“哟嗨”“哟嗨”“嗨哟嗨”“嗨哟嗨”的反复重复。曲调以宫调式、合调式、五声音阶和七声音阶为主，节拍大致有2/4、4/4拍，也有2/4和3/4等混合拍的，但主要是2/4和4/4拍，演唱旋律简单流畅，节奏清晰平稳。

沙河船工号子由于劳动场合和轻重强度不同，因而形成的号子也各具特色，有的急骤，有的舒缓，有的铿锵有力，有的轻松自然。如从事重体力劳动的拉纤号子、架包号子、跺脚号子等，为提人精神，长人威风，大都节奏短凑，雄壮有力。跺脚号子为了烘托气氛，一人领唱，众人合唱时还要跺三脚。而表现轻松、消闲的号子如活锚号子、煞船号子、呀呀号子等，大都抒发一种快活与愉悦的心情，曲调流畅、悠扬，选词随意，独唱、对唱、表演唱、合唱均可。

沙河船工号子是沙河劳动人民在劳动中创造的口头艺术，是船工们在劳动中逐渐形成的有一定节奏、一定规律、一定起伏的音乐歌谣。沙澧河及漯河这个特殊的地理环境孕育了沙河船工号子，经过几千年的完善，逐渐形成了它浓郁的地方特色和淳朴的艺术感染力。虽然现代随着劳动环境与劳动工具的改善，沙河船工号子已逐渐退出历史舞台，但它那在历史长河中的不朽旋律，将永远回响在中原这块沃土之上。

沙河调传承人

沙河船工号子已被选入河南省非物质文化遗产保护名录。

• 稀有的民舞种类：双人旱船舞 •

旱船舞是一种古老的民间舞蹈，早在宋代，漯河地区就有此舞流行，但都是单人旱船，舞者一边清唱民间小曲、小调，一边表演动作，套路不多，动作简单。清朝年间，临颍县南街村人刘生、宋金富等人在单人旱船基础上发明创造了双人旱船，套路多，表演动作精彩，风格别具特色，成为漯河一绝。

南街村双人旱船舞为四人表演（乐队伴奏）。设计为前后两个坐船女（均男扮女装），两个冲船人：一划船老汉（头道篙），着白色服装；一撑船女（二道篙），穿蓝色服装。旱船是用木材扎成的船形架，仓门两边雕刻透花图案，仓壁装有透纱，船顶用红布蒙起，船前板用蓝布、竹竿斜撑凉棚，用小绳拴住棚前两角系在船板立柱上。船顶四角和中间装有龙头系彩穗，四周扎满小人，中间圆塔集顶，顶周围雕刻排房两座，雕龙四条。船帮都是木制的，油漆后画上彩纹和金属大钉盖。船板下用蓝布画水浪图案，船板距两头三尺处刻有两个圆孔，均钉有四个铁圈。表演时冲船人拿船篙（白蜡杆），坐船女拿纸扇，前坐船女胸前置假腿。

双人旱船舞的表演装束和表演动作均按古戏剧《打渔杀家》中的肖恩父女形象和故事情节设计。套路动作由九个节段组成。

（1）拔锚。拔锚是船打开圆场后的第一个动作，老汉打麻鞭过大梯，立足后做拔锚动作。撑船女手握篙站在船尾，前坐船女做轻微摇摆状，右手握彩扇，左手拿手绢，后坐船女挎船。

（2）起船。老汉左手握篙拐，右手摇船头。撑船女左手握篙拐，右手推船尾，坐船女开始慢慢走动。

（3）冲船。老汉翻小翻，踢小腿，同时将篙平伸，左腿落，向前小一步，然后转身做冲船式。撑船女在船尾做和老汉一样的冲船动作，循环往复，越冲越快。

（4）大回水。当船速达到最快时，老汉用篙击船头为号，随即做扫堂腿数圈，船随即绕老汉疾速旋转数圈。回水船速达到最高时，后坐船女双手抓船帮，用力将前坐船女别起，双腿腾空，旋转一圈，老汉仍做扫堂腿动作。

双人旱船舞

（5）搁浅。回水后，船搁浅滩。动作是坐船女同时双腿跪地，老汉、撑船女连下单叉，爬虎动作。

（6）起船。船搁浅后，老汉、撑船女焦急转圈，肩扛、篙击、篙撬等，经过一番周折，船慢慢启动。坐船女先是跪着走，再蹲着走（最精彩处），最后慢慢立起来，越走越快。

（7）小回水。当船冲开走数圈后，老汉用篙斜击船头，转身一圈，船随转一小圈，撑船女尾随其后。

（8）跨船。小回水后，船冲开，老汉右手拍船板示意跨船。撑船女跑到船外侧，两人同时跃身坐在船后仓门前，做划船动作。

（9）抛锚。跨船数圈后，两人下船，稳住船，老汉抛锚，此舞结束。

南街村的双人旱船舞有以下几方面的特色与特点。

（1）反映生活，具有故事性。表演者模仿真船行在水中各种情况下的动作，如拔锚、起船、回水、冲浪、卧船、翻身和跨船等，用舞蹈语言讲述渔家生活的艰辛与快乐，情节起伏跌宕，内容生动有趣。

（2）奇妙鲜活，具有观赏性。演出中舞蹈配以地方古老戏曲《打渔杀家》的一些情节，淋漓尽致地表达出该舞蹈的真意，而且表演动作惊险奇妙，人物形象生动鲜活，给人以浓重的艺术感染力。

（3）新颖别致，具有独创性。在单人旱船基础上创新改变成双人旱船舞，用古戏曲中的语言动作表现舞蹈的情节动作，这在中国民间舞蹈中别具一格，十分鲜见，为南街村人所独创。

2008年，临颍县南街村双人旱船舞被列入河南省非物质文化遗产保护名录。

• 蜚声海内外的中原奇葩：舞阳农民画 •

舞阳地处漯河西南部，邻山近水。战国时期魏设舞阳邑，秦置县至今。境内贾湖出土的骨笛、甲骨契刻符号、陶器，汉代画像砖、石等文化遗存证明，舞阳文化源远流长，沉积丰厚，人杰地灵，人才辈出。大将军樊哙、吴汉，三国魏晋齐王司马攸皆诞生于此。另外还有清代的翰林张廷燎、朱光鉴，现代的历史学家韩儒林、科学家梁晓天等也都诞生于这块钟灵毓秀的地方。

舞阳农民画源于民间壁画，明清年间，以迎避墙、山墙为载体的壁画为民

舞阳农民画家

舞阳农民画

居、庭院不可缺少的艺术装饰，民国时更为普遍。20世纪五六十年代，为配合当时的生产运动，全国上下兴起壁画热潮，“人人做诗人，个个当画家”的口号风靡一时。当时的农民一手拿锄头，一手拿画笔，把自己对美好生活的向往和憧憬用最简单的图案表现出来，舞阳是当时河南中部最先进的“壁画县”。后来，随着时代的转变，壁画热降温之后，县文化馆的美术干部从普及群众文化活动、普及群众文艺创作的工作职能出发，组织壁画作者把以墙面为载体的绘画转移到了纸面上，从而把以农民为主体的美术创作活动延续了下来。由于这些作品的作者都是农民，“农民画”的叫法也便由此而来。这些画画风淳朴，带着泥土的芬芳。后来，几代人经过不懈努力，并且汲取了中西方各种美术画法的创作技巧，逐渐形成了当今颇具特色的现代舞阳农民画。

舞阳农民画所表现的内容极为丰富，神话、传说、故事、节庆、庙会、生活习俗等，包罗万象，以最朴实、最纯真、最具农民意识的艺术风格展现其特有的艺术魅力。舞阳农民画所用的材料为宣纸、毛笔、水粉笔等；颜色用水粉色和国画色相结合；装裱以硬框装裱为主，传统装裱为辅。

舞阳农民画的创作表现手法是以民间壁画、剪纸、雕塑为基础，汲取和借鉴中国画和西方现代派绘画的艺术精髓，以其天真、淳朴乃至原始的视觉思维方式和极其丰富的想象力夸张、变形，随心所欲地进行艺术创造。这种表现手法与中西写实画风和传统文人画风是截然不同的，西方绘画以模拟自然、再现自然对象为目的；传统的中国画也要求“应物象形”。而农民画家则是“只要心里有，画笔随心走”，强调主观随意性。但这种主观随意性并不是脱离自然的信笔涂抹，也不像西方现代派把物体分割后再进行拼凑的变形方法，而是以直觉感受为前提的理解和认识。这个形象不是自然形态的原形，而是经过简化、重组了的形象。艺术思维方式的主观随意性必然带来造型手段的意象性，重情绪而不是自然主义的模仿和再现，重意境而不求表象的逼真，一切源于作者的主观情感、观念和意象表达的需要，对记忆中的形象加以必要的提炼、夸张和变形。中国画理论曾有“妙在似与不似之间”的精辟高论，而农民画中所表达的神韵和意识则更为大胆，不受自然造型的束缚。

在整体处理的平面布置上，舞阳农民画不分上下左右的空间组合，超越时间观念。在形式结构上，舞阳农民画讲究装饰性，追求丰富多彩的画面效果。在色彩运用上，舞阳农民画按照画家自己的美感意象，主观运用色彩，大胆追求艳丽、强烈的视觉效果，所以舞阳农民画以独特的艺术魅力彰显于中原乃至中国的大地。

1987年，舞阳农民画《东河湾 · 西河湾》(作者武天举、黄爱军）、《六月六》（作者王庭之）、《左邻右舍》（作者邢喜兰、武天举）、《五月人倍忙》（作者吴灿杰）、《运动会》（作者鲁祥伟）、《果熟时节》（作者谷涧）等7幅作品入选第一届中国艺术节“中国现代民间绘画展览”。在中国美术馆展示后，被中国民间美术博物馆收藏。其中《东河湾 · 西河湾》《六月六》《果熟时节》等作品入选大型画册《中国现代民间绘画选萃》；《左邻右舍》被《中国文化报》《中国美术报》《人民日报》等刊用。《东河湾 · 西河湾》被《美术》杂志刊载。

1988年，舞阳县被国家文化部命名为“中国现代民间绘画画乡”。

1991年，舞阳农民画有20幅作品被送至香港参加国际美术画展。

1993年，舞阳农民画有20幅作品被送至上海参加“全国现代民间绘画新作邀请展”。

1996年，舞阳农民画《捕鱼》（作者张新亮）被中国文化部选送美国、乌拉圭、阿根廷等国家巡回展出。

1999年，舞阳农民画有5幅作品参加浙江“中国当代民间绘画邀请展”。

2007年，作品《吉祥》（作者张新亮）入选河南省人大书画研究院《大河风》一书。

2009年，舞阳农民画有50多幅作品由民政部、中央文明办、新闻出版总署、国家广电总局联合举办的“万家社区图书室援建和万家社区读书活动”编成单辑图书交中国社会出版社出版并在全国发行。

舞阳农民画先后入选首批“河南省民间文化遗产抢救工程”保护名录和第一批河南省非物质文化遗产保护名录。

城市名片

——拥抱世界的新漯河

漯河，溯九千之遥，古迹星罗。贾湖部落，出七音骨笛，启华夏文明之先河；繁城故地，立“三绝碑”刻，印汉魏更替之沧桑；隋代商桥，驮风雨岁月，创中华拱桥之典范。孔子列国周游，思归“归村”；桓公会盟召陵，霸业奠定；樊哙以建国之功，封侯舞阳；刘秀率郾城之士，突围定陵。许叔重挑灯《说文解字》，第一典籍成就字圣；岳武穆凭栏仰天长啸，《满江红》倾吐悲志豪情。杜工部观公孙大娘舞剑，名篇传世；杨再兴浴血小商河，壮烈垂青；陈星聚舍身家御外侮，千古浩气。受降亭更有，民族雄风……

一篇《漯河赋》阐述了漯河丰厚的文化底蕴和悠久的历史，也展现了魅力四射的漯河正以昂扬的斗志和宽广的胸怀，迎接灿烂辉煌的未来。作为中国汉字文化名城和中国食品名城“两大名城”的拥有者，勤劳善良的漯河人真诚地递上名片，欢迎您的光临。

漯河全景图

• 名片之一：中国汉字文化名城 •

汉字是世界上最古老的文字之一，是历史最长的象形文字。今天的人们发现，汉字输入计算机的方便程度，是其他任何一种文字所无法比拟的，当人们开始热衷于研究汉字时，首先会想到许慎。

1 800多年前，就在现在的漯河市召陵区姬石镇许庄村，诞生了一位伟大的经学家和文字学家，他就是被时人尊为“五经无双”、被后人尊为“文宗字祖”的许慎。他以“探究字源、推考形音义关系”为目的，自称“杂而不越，据形系联，引而申之，以究万原”为主要特征的《说文解字》，被誉为世界上第一部真正意义上的字典。自《说文解字》问世，我国的文字从字形、字意到读音都有了一个统一的标准，成为历代启蒙教育和“小学”研究的“标准教材”，一代又一代的专家学者为之皓首穷经、研究不辍。到清代，以段玉裁为代表的乾嘉学派更是将许学研究推上一个顶峰，形成有名的清朝许学“四大

家”。甲骨文出土后，以王国维、郭沫若、罗振玉为代表的学者借助《说文解字》进行研读，将我国有文字记录的历史直接上推到殷商时期。因此有人说，如果

澧河斜拉桥

没有《说文解字》，我们只有2 000年的文字史，3 000年的文明史；有了《说文解字》，我们的文字史上推到了3 000年，文明史上推到了5 000年。时至今日，这部“博采通人”“信而有证”的奇书所确立的“独体为文，合体为字”的文字理论和汉字造字法的“六书”理论，以及部首检字法仍为当代人所采用。许慎在该书中对文字的作用和意义概括为“盖文字者……前人所以垂后，后人所以识古”，更是对文字的作用做了精准的概括，为历代文字学家所推崇。

老虎头

1 800多年后的今天，在许慎的故乡漯河市，许慎宾馆、许慎幼儿园、许慎小学、许慎书店、许慎书画院等，以“许慎”为名字命名的单位和机构不胜枚举，甚至连旅行社都要沾许老夫子的光，命名为许慎旅行社。许慎的后人以各种不同的形式纪念、怀念这位伟大的文字学家。以顿嵩元、张儒鲤、陈满仓、潘清江、王云英等为代表的本土许学研究人员更是远离喧嚣，甘于寂寞，默默研究许学。在他们的奔走呼吁和社会各界的鼎力支持下，许慎纪念馆、《说文解字》碑林、许慎文化园的修缮建设等各项工作相继完成，以“漯河许慎文化国际研讨会”为契机，弘扬许学文化，打造许慎文化产业为主要内容的许学研究、推广活动更是如火如荼。

自2005年起，每五年一届的漯河许慎文化国际研讨会已经连续举办了三届。在第三届漯河许慎文化国际研讨会开幕式上，鉴于漯河是许慎出生、治学和终老之地，中国文字学会和中国训诂学研究会将“中国汉字文化名城”的牌匾授予了漯河市，漯河成为首家“中国汉字文化名城”。

缘于许慎，“中国汉字文化名城”这一称谓，漯河是当之无愧的！

■ 许慎与许学研究

许慎，字叔重，东汉汝南召陵人。他编撰了中国第一部汉语大字典《说文解字》。《说文解字》草成于东汉和帝永元十二年（100），经修订，于安帝建光元年（121）献给朝廷，从而流传后世。

自《说文解字》问世以后的1 800多年间，我国传统汉字学的研究，以其为主要研究对象。人们把对许慎和《说文解字》的研究称之为“‘说文’学”或“许学”。历代研究古代汉字的学者和他们的著作，皆继承许慎所开创的事业，为汉字文化的教育和传播做出了重要贡献。

《说文解字》在东汉科学文化史上，与张衡的地动仪、张仲景的《伤寒论》并称，以其卓越的功绩彪炳千古。全书共十五卷，一至十四卷为正文，第十五卷为叙目，全书说解用字133 441个。它不仅是一部文字学大典，也是一部百科全书。它奠定了汉语文字学的基础，开创了以部首编纂字典的先例，规范了汉文字，是释读古文字资料的桥梁和钥匙。它是探求古代汉语音韵、词汇的宝库，是记录历史文化知识的典藏。

许慎像

许慎逝世后，葬于故里（东汉时期隶属汝南郡召陵县。宋代以来，隶属郾城县。2004年9月，隶属漯河市召陵区），墓在今召陵区姬石镇许庄村东侧，原墓地“一亩余”，墓高“二丈许”。清顺治十三年（1656），郾城知县荆其惇重修其墓道。康熙、光绪年间，先后由郾城知县温德裕和许慎后裔立碑两通（后村民移进许庄村内）。光绪二十五年（1899），郾城县周云于县城北隅购地3.3亩，建许南阁祠，有门楼、过厅、享堂、东西廊房21间，并有影壁、照壁等。享堂上悬“五经无双”金字匾额，内供“汉先儒许慎之位”木柱。四壁装有紫檀木雕刻的《说文解字》540部序目。院内有光绪二十八年郾城知县孟瑞堂所立“创修许南阁碑记”。辛亥革命之后，改祠为学校，许南阁祠由此逐渐被毁，仅存过厅。1985年，河南省文化厅拨款，分别对许慎墓和许南阁祠进行整修。许慎墓经过整修后，高5米，底径16米，以弧形条石围砌，墓前重立清代石碑二通，中国训诂学研究会、河南省语言学会、郾城县人民政府共同立新碑一通，并置一石祭案。1987年，许慎墓由县级升为省级文物保护单位。1990年12月，河南省社会科学院在郾城县成立"河南省社会科学院郾城许慎研究所"，该所成立后，开始征集有关"许学"研究资料及名人字画。先后征集到北宋校刊《说文真本》汲古阁藏版全套8册、《说文声系》（嘉庆甲子春刻于粤东督学使者署中）、《说文句读》（清王筠）、许嘉璐先生的《论<说文解字>在词典上的地位和作用》等，以及王力、周祖谟、魏巍、于安澜等专家名人题赠的书画墨宝。

1991年，郾城县开始筹划"许慎圣地旅游中心"开发项目，组织专家进行论证后，委托河南省古建筑研究所绘制许慎陵园规划图，并且制定远期、近期修建规划。该开发项目自2000年开始实施，分三期完成，工程之一是刻立《说文解字》碑廊。1996年，许慎纪念馆被中共漯河市委、漯河市人民政府命名为"爱国主义教育基地"。2005年，漯河市投资数百万元，对许慎陵园、许南阁祠及相关道路进行了全面整修，在许庄村设置"许慎故里"标志牌，许慎陵园内竖立了许慎铜像。许慎铜像高3米，基座高1.88米，整体设计庄重、典雅、大方。2006年，许慎墓被国务院公布为第五批全国重点文物保护单位。

漯河许慎文化国际研讨会

漯河许慎文化国际研讨会是由国家语言文字工作委员会、中国文字学会、中国训诂学研究会、河南省人民政府主办，河南省语言文字工作委员会、河南省教育厅、河南省文字学会、中共漯河市委、漯河市人民政府承办的文化类研讨会，旨在"弘扬汉字文化，传承许慎精神"。遵照许嘉璐副委员长的建议，漯河市以许慎之子许冲在汉安帝建光元年（121）的农历九月二十日将《说文解字》上书给朝廷的日子，作为举办漯河许慎文化国际研讨会的日期。五年一届的漯河许慎文化国际研讨会自2005年至2015年已经连续举办了三届。

慎终追远，早在20世纪80年代，漯河市委、市政府就意识到了开发许慎文化资源的重要性。1985年，全国第一次"纪念

第二届许慎文化国际研讨会

许慎学术研讨会”召开。我国第一个专门研究许学的群众性团体“许慎研究会”在四年后成立，并召开了第二次“纪念许慎学术研讨会”。

2004年12月，漯河市委四届四次全会做出“要充分发挥许慎文化资源的独特优势，打造漯河文化品牌，提高漯河知名度和影响力”的决定。

2005年3月，漯河市四届人大七次会议通过了“关于充分发挥许慎文化资源优势，打造漯河文化品牌，促进经济社会发展”的议案；同年的市政协会议上，有多达11件关于开发许慎文化的提案被提交——“开发许慎文化资源，打造许慎文化品牌”已成为全市人民的共同意愿。

2005年11月21日至22日，首届漯河许慎文化国际研讨会在漯河隆重开幕，十届全国人大常委会副委员长许嘉璐，时任中共河南省委书记、省人大常委会主任徐光春等领导应邀出席，来自世界8个国家和地区及44所著名高校的123位知名专家学者莅临大会。

首届许慎文化国际研讨会的召开，标志着许慎文化开发的大幕正式开启。

2010年10月27日上午，伴随着少年学子的琅琅书声，第二届漯河许慎文化国际研讨会隆重开幕。此刻，来自美国、法国、德国、英国、意大利、荷兰、土耳其、日本、韩国、马来西亚、泰国及中国香港、中国台湾等19个国家和地区的专家学者欢聚一堂，交流分享许学研究的最新成果，共同追忆字学宗师的光辉业绩，勾勒汉字文化的精彩未来。

第十届全国人大常委会副委员长许嘉璐宣布大会开幕。时任中共河南省委常委、宣传部长、副省长孔玉芳指出，漯河作为许慎文化发源地，举办许慎文化国际研讨会，有利于弘扬中国优秀传统文化，有利于不断丰富中原文化的内涵，对于推动河南由文化资源大省向文化强省跨越，具有重要促进作用。希望借助许慎文化国际研讨会这一平台，进一步推动许慎文化的研究和交流，把中国悠久灿烂的文字文明传播四海、发扬光大。

2015年11月1日，第三届许慎文化国际研讨会在漯河市许慎文化园隆重开幕。第十届全国人大常委会副委员长许嘉璐做重要讲话并宣布第三届许慎文化国际研讨会开幕。中国文字学会会长黄德宽、中国训诂学研究会会长朱小健、国台办信息中心主任仇开明、河南省人大常委会副主任段喜中、河南省许氏宗亲联谊会会长许克俭等100多位国内外许学研究的专家学者、20多位许氏宗亲代表、20多名中外客商莅临大会。

第三届许慎文化国际研讨会的主题是“许慎精神与当今世界”，中国文字学会和中国训诂学研究会将“中国汉字文化名城”的牌匾授予漯河市。本着“小规模、高规格、大影响、可持续”的办会原则，节俭办会、突出主题、促进两岸文化交流等特点，在开幕式结束后举行了许慎金丝楠木像揭幕仪式、“许慎与中华传统文化”名家论坛、许氏宗亲恳谈会、市情说明及文化产业项目签约仪式等活动内容，使许慎文化通过多种文化产业交流方式在世界范围内传承。

在开幕式之前，第十届全国人大常委会副委员长许嘉璐与美国杨百翰大学教授杨大伟共同研讨了许慎文化和许慎精神的传承和发展。

在开幕式上，第十届全国人大常委会副委员长许嘉璐对当前许慎文化研究提出自己的意见和期望。

中国训诂学研究会原会长李建国也再次参加了本次研讨会，面对许慎文化园的满园繁茂，感慨许慎所著《说文解字》是古今文字学、中国文化传播史上的桥梁和中介，有文字研究的基础才能让文化传播继续，才能做好中华传统文化的衔接。

河南省文字学会会长王蕴智也谈到许慎文化和许慎精神是千百年来广大学者研

究解说汉字的方法和精神，所以需要普及许慎文化的宣传教育意义，让许慎文化得到广大学者的认可和延续性发展。

本次活动也邀请到台湾知名语言学、文字学、经学等领域研究专家，台湾高雄师范大学经学研究所所长郑卜五谈到，在台湾专业的文字学研究部门、国文系、中文系专业学科里，没有读过许慎的《说文解字》大概不能算是读中文，在中学以后的学生一般都知道许慎和其《说文解字》，许慎文化在台湾的教育推广上很普及。河南漯河作为中华文化的名城，不论是政府还是学术领域，都应该更多传承许慎文化和中华文字传统文化，让更多年轻学子来研究和了解。

台湾中央研究院历史语言研究所研究员陈鸿森教授也提出，《说文解字》不仅代表语言文字的发展和对文字的著述，同时也是反映一个朝代历史文化、社会进程的经典之作。我们在中国文化重建的过程中，也应当把许慎文化、许慎精神深入到国民内心去传承和发扬，通过文化底蕴的熏陶，来提高国民素质，才能让文化传承走得更长远。

许慎文化园

许慎文化园位于召陵区姬石镇许庄村东，它是依托全国重点文物保护单位许慎墓规划建设而成的。全园占地150余亩，按照中国传统建筑规制，采用中轴对称布局。六书石柱、中华辞书博物馆、《说文解字》文物陈列馆、状元堂、5D

许慎文化园

许慎文化园

动感影院、汉字大道、字圣殿、叔重堂、说文馆、字形牌坊和许慎墓沿中轴线依次分布，构成园区游览参观的主线。字圣碑林、魁星亭（金榜石）、字形解义、蟾桂山、字源石、部首方阵和励志铜雕等景点以中轴线为界东西对称分布，构成景区的环线。许慎文化园形式上是一组汉代风格的建筑群，粗犷厚重，简洁大气；内容上以展示汉字文化为主题，以儒家文化为补充，集经典文化教育、励志进取教育、崇文尚贤教育于一体。2006年5月25日，文化园内的许慎墓作为汉代古墓葬，被国务院批准列入第六批全国重点文物保护单位名单。2014年4月，许慎文化园正式成为国家AAAA级旅游景区。

许慎文化园主体建筑字圣殿采用传统构造手法建设而成，重檐庑殿，九开五进，砖木结构。整个建筑由48根粗壮的东南亚进口红柳桉木立柱支撑，是供奉字圣先师的神圣殿堂。80米长的汉字大道，按照汉字发展的10个阶段精选历代名碑名帖摹刻其上，寓意一部汉字发展史。六书石柱由高6米的整块花岗岩巨石剖割而成，上面刻写了许慎归纳总结的六书理论，是探究汉字造字规律的扛鼎之作。字形牌坊由重达40余吨的巨型青石对接而成，用以旌表许慎的丰功伟绩。叔重堂、说文馆、《说文解字》文物陈列馆及中华辞书博物馆以许慎文化资料展览为主，收藏了大量许学、经学书籍和字书、辞书、文字文物及名人字画，展品总数有5 000余件。字圣碑林展出《说文解字》碑刻、三圣碑、佛道碑、历代名碑名帖、国家领导及现当代名人名家书法碑刻达1 200余块，是历代书法名家艺术荟萃之地，也是一处书法的宝库，具有很高的艺术价值和观赏价值。状元堂以大量生动翔实的材料集中展示了沙澧骄子的成功轨迹和成才故事，是激发青年不懈奋进的教育场所。5D动感影院是利用座椅特效和环境特效，以超现实的视觉感受配以特殊的、刺激性的效果同步表现，将视觉、听觉、嗅觉、触觉和动感完美地融为一体，使观众参与其中，并全身心地融入剧情之中，体验虚幻仿真、惊心动魄的冒险旅行，增加了游客们的互动参与性。

许慎文化园以其丰富的文化内涵和独具魅力的景观特色吸引了大批海内外游客。每五年一届的许慎文化国际研讨会，每年举办的许慎文化庙会、清明祭先贤全城诵经典及千名学子拜字圣等活动吸引了数十万人参加，成为专家学者、广大群众、青年学子拜祖祈福的盛会。从2013年6月起，许慎文化园面向全市中小学生免费开放，大型公益学堂——许慎学堂也在这里成功开班，《识字状元》的开播，促使许慎文化园成为名副其实的传统文化教育基地，充满了前所未有的发展活力。

文化是根，文化是魂，文化是力，文化是效。开园至今，许慎文化园共接待各种政务、商务、学术团体1 500多个，接待游客50余万人次。

许慎文化园的影响力不断扩大。在中国（漯河）食品博览会、豫台商经贸洽谈会、中原沙滩音乐节、世界女排大奖赛等重大活动中，许慎文化园成为贵宾接待点。

作为首家“中国汉字文化名城”的一部分，许慎文化园以打造华夏汉字文明传承创新示范基地为己任，坚持以文化为魂，以文名园，以文立园；坚持文旅结合、文旅融合，以旅活园、以旅兴园；坚持社会效益与经济效益相结合，实现双赢……今后，许慎文化园将紧紧围绕“三个中心一个基地”的目标，着力开展许慎文化对外合作交流，着力加快高品级文化旅游景区建设，让首家“中国汉字文化名城”的品牌更加耀眼，更加夺目，继而成为漯河乃至中原大地上一张靓丽的名副其实的文化名片。

• 名片之二：中国首家食品名城 •

在中国市场上，每10根火腿肠就有5根出自双汇；在香港，漯河的肉制品占全港总需求的1/4以上；在北京，来自漯河的肉制品、无公害蔬菜在市民的菜篮子中占1/4还多；在离拉萨300公里的小镇上，漯河饮料摆上了小商店的柜台……2005年2月1日，漯河凭借明显的食品产业优势被中国食品工业协会命名为全国首家“中国食品名城”。这么多年来，漯河市食品工业增加值、销售收入、利税总额连续多年雄居河南第一位。漯河早已成为全国最大的肉食品加工基地、全国重要的粮食加工基地、中部地区重要的饮料生产基地，而且，“漯河制造”已成为中国大厨房里的主流方阵。

漯河是河南中部一个因食品工业日益发达而不断成长进步的新兴城市，经过改革开放30多年的发展，构成了以双汇为代表的肉成品、以南街村集团为代表的面成品、以闽商企业为代表的休闲食品和果蔬加工等产业优势。目前，全市拥有规模以上食品工业企业211家，从业人员13万人，

食博会开幕式

东外滩

全市年销售收入超10亿元的企业32家，现有20多个国家和地区的客商投资漯河，美国杜邦、美国高盛、美国可口可乐、日本火腿株式会社、中粮集团等多家世界500强企业及香港华懋和协鑫、台湾旺旺和康师傅、南京雨润等一批知名企业在漯河都有较大的投资项目。如今的漯河，已经是名不虚传的食品名企名牌聚集地，全市有4家企业进入全国食品工业百强，有8家企业进入河南省食品工业50强；全市规模以上食品工业增加值占全市规模以上工业的60%。2015年，全市食品工业销售收入超过1 600亿元。

与此同时，漯河还拥有全国品位第一、储量第二的超大型盐矿，面积达77平方公里，远景储量达400亿吨。

漯河也是豫南会展之都。漯河许慎文化国际研讨会、中部糖酒会、河南省豫菜品牌大赛、世界旅游小姐巡游、世界女排精英赛、全国男排联赛等国内外一系列重大展会和赛事中，以会为媒、热情好客的漯河人民敞开怀抱，喜迎八方宾朋。漯河的知名度、美誉度和影响力日益提升，成为中外客商投资的首选之地、中原大地上熠熠生辉的耀眼明珠。

而持续时间最长、影响最持久、收益最突出的要数中国（漯河）食品博览会。2003年，漯河市举办第一届中原食品节，2008年升格为国家级盛会——中国（漯河）食品博览会，是国内享有盛誉的大型

双汇食品城

知名展会。

漯河依托食品产业优势和“中国食品名城”的品牌影响，以食为媒，广交朋友，连续成功举办了14届中国（漯河）食品博览会。中国（漯河）食品博览会的连续举办，让这座食品之城与世界紧密相连，演绎了一场以强大的食品工业实力推动食品经贸交流，又以富有成效的经贸活动推动食品产业大发展的生动传奇。

从漯河双汇到世界双汇

中原大地，沙澧两岸，中国首家食品名城——漯河，孕育出了一个中国最大的肉类加工基地——双汇集团。在万隆董事长的带领下，双汇坚持走规模化发展、品牌化经营、产业化联动的创新之路，用30年的时间打造出了一个资产200亿元、员工7万人、年肉类产销量370万吨、年销售收入500亿元的特大型食品集团。

双汇集团始终坚持围绕“农”字做文章，围绕肉类加工上项目，实施产业化经营。以屠宰和肉类加工业为核心，向上游发展饲料业和养殖业，向下游发展包装业、物流配送、商业、外贸等，形成了主业突出、行业配套的产业群，推动了企业持续快速发展：20世纪80年代中期，企业年销售收入不足1 000万元，1990年突破1亿元，2013年达到472亿元，年均复合增长率30%以上。

双汇集团实施六大区域的发展战略，立足河南，面向全国，在黑龙江、辽宁、内蒙古、河北、山东、江苏、浙江、湖北、江西、四川、广东、安徽、广西、上海等18个省市建设了20多家现代化肉类加工基地，在31个省市建有300多个销售分公司和现代化的物流配送中心，在美国、西班牙、日本、韩国、新加坡、菲律宾等建立有办事机构，形成了纵横全国、辐射海外的生产销售网络，使双汇产品走出河南，遍布全国，走向世界。

双汇集团坚持引进先进的技术和设备，改造传统肉类工业。先后投入40多亿元，从欧美等发达国家引进先进的技术设备4 000多台（套），通过消化、吸收和再创新，实现技术与国际接轨。双汇集团率先把冷鲜肉引入国内，实行"冷链生产、冷链销售、冷链配送、连锁经营"，实现了肉类的品牌化经营，结束了中国肉制品没有品牌的历史，开创了中国肉类品牌。

双汇集团坚持技术创新，建立了国家级的技术中心、博士后工作站，培育了600多人的产品研发队伍，围绕中式产品的改造、西式产品的引进、屠宰行业的精深加工，做出了1 000多种的产品群，满足不同层次的消费需求，双汇肉制品、双汇冷鲜肉均是"中国名牌"产品，已成为广大消费者一日三餐首选的肉类品牌。

双汇把诚信体系建设与企业的发展愿景、管理文化有机结合起来，确立了"开创中国肉类品牌，促进中国肉类产业升级"的企业使命，制定了"消费者的安全与健康高于一切，双汇品牌形象与信誉高于一切"的质量方针，形成了"诚信立企，德行天下"的企业文化，实现了企业的生产经营管理与诚信体系建设的高度统一。

双汇生产车间

漯河双汇大厦

双汇集团秉承“产品质量无小事，食品安全大如天”的质量理念，铁腕抓质量，铁心保安全，把国际先进的ISO 9001、HACCP、ISO 22000、ISO 14000等管理体系应用到供、产、存、运、销等各环节，不断完善质量和食品安全内控体系，严把采购、生产、销售关，实行进厂原料批批检验、生猪在线头头检测、出厂产品批批检查，开放式办工厂，透明化办企业，自觉接受消费者、媒体、政府等社会各界的监督，赢得了消费者的信赖。

双汇集团经过30年的发展，做大了产业，做优了产品，做响了品牌，在传统的肉类工业中走出了一条新型的工业化道路。双汇每年消化2 000万头生猪、70万吨鸡肉、7万吨植物蛋白，年转化粮食1 000多万吨，带动170多万人从事与双汇相关的种植、养殖及原料采购、产品销售工作，年增加农业产值600多亿元，增加社会各类人员收入100多亿元，为地方经济和中国肉类行业做出了突出贡献。

2013年9月26日，双汇控股母公司万洲国际成功并购美国最大的猪肉加工企业——史密斯菲尔德公司，成为拥有100多家子公司、12万名员工、生产基地遍布欧、美、亚三大洲十几个国家的全球最大的猪肉加工企业，使双汇品牌走出了国门，迈向了世界。请看下面这一组数据：

2014年8月5日9时30分，香港联交所，万洲国际董事局主席万隆敲响开市的锣声，宣告万洲国际成功上市。

2015年发挥中美协同效应，郑州美式工厂建成投产，生产纯正美国味的Smithfieid美式香肠、美式培根、美式火腿。

2016年6月双汇集团财务公司成立，产融结合助推实业发展；7月20日《财富》世界500强榜单发布，万洲国际首度登榜，以全年营收212亿排495位。

雄关漫道真如铁，而今迈步从头越。未来的双汇，将充分利用国内外两种资源，两个市场，实现优势互补，协同效应，推动质量、技术、管理、市场与国际接轨，努力打造卓越品牌、世界名牌，为全球消费者提供更加安全放心的产品，为世界肉类行业做出更大的贡献。

漯河的双汇，也是世界的双汇。

中国休闲食品之都临颍

临颍，以濒临颍水而得名。2016年12月3日，中国副食流通协会会长何继红将“中国休闲食品之都”的牌匾授予临颍县县长王继周。由此，临颍继获得“全国食品工业强县”“中国休闲食品产业基地”等荣誉之后，又成为全国唯一的“中国休闲食品之都”。

“中国食品休闲之都”缘何花开临颍？且看下面这一串串沉甸甸的数据。

临颍县拥有各类规模以上休闲食品企业100多家，先后培育引进包括世界500强企业美国嘉吉，国内最大的蛋白饮料生产企业河北养元智汇饮品、最大的法式面包生产企业福建盼盼、最大的糖果生产企业福建雅客等在内的知名休闲食品企业50多家；全县休闲食品年加工小麦130万吨、加工玉米100万吨，产品包括8大类2 000多个品种，其中薯片、虾条、法式小面包、果冻、巧克力棒、蛋白饮料等日产量全国最大，国内市场占有率30%以上；全县休闲食品行业拥有中国驰名商标16个、河南著名商标33个、河南名牌产品11个，国家和省级农业产业化龙头企业17家，是中部地区名企名牌集聚最多和名优休闲食品产量最大的产业基地。

2015年，全县休闲食品产业主营业务

临颍休闲食品

收入达到330亿元；2016年前三季度，休闲食品产业实现20%以上的增速，全年主营业务收入突破400亿元，约占全县规模工业企业主营业务收入的70%。

包括晋江、烟台、临沂等在内的多个城市都在争夺“中国休闲食品之都”这一金字招牌，中国副食流通协会评委会经严格评审，最终决定将“中国休闲食品之都”授予临颍。这是真正的实力所决定的。

未来，临颍将以“中国休闲食品之都”授牌为契机，加大国家级食品安全检验中心等科研平台建设力度，打造休闲食品产业升级版。到2020年，全县休闲食品产业产值力争突破600亿元，成为名副其实的、国内外有影响力的中国休闲食品之都。

中国驰名商标“南街村”

南街村坚持中国特色社会主义理论，大力弘扬红色文化，高度重视政治文明和精神文明建设，以雷锋精神鼓舞人，以革命歌曲激励人，提出了建设共产主义社区的奋斗目标，坚持“外圆内方”的治村方略，强化了职工村民的集体主义精神，增强了凝聚力，营造了浓厚的集体主义氛围。全村党员干部、职工村民发扬“傻子”精神，秉承“做好人、做好事、做好产品”的宗旨理念，人人敬业爱岗、乐于奉献。

南街村以“红色亿元村”闻名全国，依靠当地粮食资源，围绕农业办工业，围

南街村广场

绕龙头企业上配套项目，大搞粮食深加工，深化农业产业化，壮大了集体经济实力，组建了国家大型一档企业——河南省南街村（集团）有限公司，为漯河食品名城，增砖添瓦。

河南省南街村（集团）有限公司是产、供、销一条龙，农、工、贸一体化的集体性质的大型集团公司，在1991年率先摘取河南省“亿元村”桂冠，1993年产值突破16亿元，集团下属企业28个，其中合资企业5家，拥有员工11 000多名。

南街村人万众一心，坚定不移地走集体共同富裕道路，集体经济得到迅猛发展，产业涉及食品、饮品、酒类、印刷、包装、医药、工艺雕刻、旅游等。产品有近20个种类，上千个品种，分别是：面粉系列、方便面系列、鲜湿面系列、麦恩休闲食品系列、调味品系列、饮料系列、啤酒系列、白酒系列、药品系列、包装材料系列、胶印制品系列、彩印制品系列和工艺品系列等。其中部分产品出口销售到俄罗斯、韩国、日本、美国、加拿大、澳大利亚和孟加拉国等国。

集团公司生产技术先进，装备精良，达到目前国内国际先进水平，在国内同行业的技术装备水平中，名列前茅，并且形成了食品产业技术推广应用体系、科技创新体系和产学研合作机制，为企业的新产品开发能力、新技术推广应用能力和自主研发能力备足了后劲。

南街村集团以诚信为根本，以质量求生存，以科技求发展，向管理要效益，打造了“南街村”知名品牌，多次获得国家级、省市级荣誉称号。“南街村”商标被命名为中国驰名商标，获得中国食品工业百强企业、中国食品工业质量效益奖企业、工业排头兵企业、全国食品工业优秀龙头食品企业、省级农业产业化龙头企业、河南省百户规模优势企业、河南省重点服务企业、河南省科技企业、河南省民营科技50强企业、河南省食品工业50强企业、河南省规模效益百强企业等荣誉称号。

■ 中国（漯河）食品博览会

漯河，一座中原内陆小城，因独特的食品工业魅力而闻名天下。

为不断提升壮大食品工业，2003年3月，漯河市以承办小商桥特种邮票首发式为契机，举办了首届中原食品节。该届中原食品节共签约各类经济技术合作协议14个，总投资为16.42亿元。首届食品节的成

食博会鸟瞰图

绩引起了各级新闻媒体和海内外食品企业的广泛关注，提升了漯河的知名度。

2007年举办的第五届中原食品节被列为第二届中国中部投资贸易博览会的食品分会，得到了国家商务部、中国食品工业协会和河南省政府的高度关注和强力支持，使中原食品节的档次、规模和品牌效应得到进一步提升。

2008年，经中国食品工业协会批准，中原食品节正式升格为国家级盛会，定名“第六届中国（漯河）食品博览会”。由河南省人民政府、中国食品工业协会、中国商业联合会共同主办，漯河市人民政府与河南省商务厅、河南省中小企业服务局、河南省人民政府食品工业办公室联合承办。

第六届中国（漯河）食品博览会，共签约投资项目67个，总投资额190.7亿元，其中投资10亿元以上的项目3个，还引进了1家世界500强企业（中粮集团）和3家国内500强企业（中储粮总公司、中盐总公司、青岛双星集团）的投资项目；采购合同总成交额165亿元。

2010年，中国（漯河）食品博览会被国家商务部列为全国内贸领域重点支持展会。在第十届中国会展财富论坛上，中国（漯河）食品博览会以其不可撼动的行业领袖地位和品牌影响力荣获“中国会展产业金手指奖——最具品牌价值展览会”称号。

漯河全景图

2017年5月16日，为期三天的第十五届中国（漯河）食品博览会正式拉开了帷幕。中国（漯河）食品博览会现已成为中国诸多会展中最具国际化的重点会展，在全国具有广泛的影响力、较强的竞争力和较高的知名度。全市共达成投资项目63个，计划投资总额359亿元，其中，市情说明暨项目签约仪式现场签约项目54个，总投资255.2亿元；贸易采购合同金额累计达351亿元，其中5月16日举办的大型采购洽谈会上，现场签约贸易采购合同额175.39亿元。

多年来，漯河以食博会为平台，持续推进大招商活动，培育着漯河新的经济增长点。据统计，全市6个省级产业集聚区的项目，80%以上是通过食博会引进的。

中国（漯河）食品博览会是一个平台，也是一张名片，不仅仅加强了漯河食品工业与全国食品行业的交流与合作，同时也有效地扩大了漯河市的知名度和影响力，使“中国食品名城”的称号更加广为人知，“漯河制造”的牌子更加响亮。中国食品名城漯河，将通过食品博览会这扇窗口，不断演绎中华饮食、文化、经贸与合作的生动传奇。一年一度的食品博览会，已成为漯河展现地域文化、交流饮食理念、拓展经贸关系、促进交流合作的重要平台。